APOLOGÉTICA PARA
QUESTÕES DIFÍCEIS DA VIDA

Dados Internacionais de Catalogação na Publicação (CIP)
(Câmara Brasileira do Livro, SP, Brasil)

Craig, William L.
 Apologética para questões difíceis da vida / William L. Craig tradução Heber Carlos de Campos — São Paulo : Vida Nova, 2010.

 Título original: *Hard questions, real answers*.
 Bibliografia
 ISBN 978-85-275-0452-2

 1. Apologética 2. Teologia – Estudo e ensino I. Título.

10-09679   CDD-248.2

Índices para catálogo sistemático:
1. Apologética : Vida Cristã : Cristianismo 239

William Lane Craig
Site do autor: www.reasonablefaith.org

APOLOGÉTICA PARA
QUESTÕES DIFÍCEIS DA VIDA

Tradução
Heber Carlos de Campos

Copyright © 2003 de William Lane Craig
Título original: Hard Questions, Real Answers
Originalmente publicado por Crossway Books a division of Good News Publishers Wheaton, Illinois, 60187, EUA

1.ª edição: 2010
Reimpressões: 2012, 2015, 2018, 2020

Publicado no Brasil com a devida autorização e com todos os direitos reservados por SOCIEDADE RELIGIOSA EDIÇÕES VIDA NOVA,
Rua Antônio Carlos Tacconi, 63, São Paulo, SP, 04810-020
vidanova.com.br | vidanova@vidanova.com.br

Proibida a reprodução por quaisquer meios (mecânicos, eletrônicos, xerográficos, fotográficos, gravação, estocagem em banco de dados, etc.), a não ser em citações breves com indicação de fonte.

ISBN 978-85-275-0452-2

Impresso no Brasil / *Printed in Brazil*

SUPERVISÃO EDITORIAL
Marisa K. A. de Siqueira Lopes

COORDENAÇÃO EDITORIAL
Jonas Madureira

COORDENAÇÃO DE PRODUÇÃO
Sérgio Siqueira Moura

REVISÃO
Arkhé Editorial

REVISÃO DE PROVAS
Mauro Nogueira
Ubevaldo G. Sampaio

DIAGRAMAÇÃO
Kelly Christine Moura

CAPA
Guther

Todas as citações bíblicas, salvo indicação contrária, foram extraídas da versão Almeida Século 21, publicada no Brasil com todos os direitos reservados pela Sociedade Religiosa Edições Vida Nova.

SUMÁRIO

Prefácio 7
Introdução: estagnação intelectual 9

1. Dúvida 33
2. Oração não respondida 47
3. Fracasso 65
4. O sofrimento e o mal (I) 81
5. O sofrimento e o mal (II) 95
6. Aborto 123
7. Homossexualidade 141
8. Cristo, o único caminho 159
Índice onomástico 183
Índice temático 185
Índice de textos bíblicos 189

PREFÁCIO

Este livro é uma versão revisada e ampliada de meu livro anterior: *No Easy Answers* [Não existem respostas fáceis]. O livro original surgiu de uma série de sermões que preguei sobre "temas impopulares", isto é, tópicos frequentemente evitados por causa das difíceis questões que levantam. Como filósofo e teólogo cristão, sempre me impressiono com o fato de que é muito mais fácil levantar questões difíceis do que respondê-las. Estudantes e leigos que têm pouco treinamento filosófico ou teológico algumas vezes levantam questões tão difíceis que eles mesmos não conseguem imaginar o grau de complexidade em que elas se encontram. Tais questões merecem mais do que respostas simplistas, merecem respostas de verdade; e é isso o que pretendo oferecer neste livro.

Tentei preservar neste livro algo do estilo oral e informal dos sermões que o inspiraram. Entreguei este original como um livro mais devocional do que acadêmico em sua perspectiva, mas temo que a maioria das pessoas o veja como um livro muito cerebral. Juntamente com aqueles que dentre nós consideram a vida intelectual importante, considero que nossa vida devocional está indissoluvelmente ligada à nossa vida intelectual. Não vejo nenhum problema com isso! Somos ordenados a amar ao Senhor com todo o nosso coração e com todo o nosso entendimento. Espero que os leitores que têm enfrentado algumas dessas questões difíceis encontrem esse amor multifacetado do Senhor uma vez mais reavivado em si mesmos.

William Lane Craig
Atlanta, Geórgia
Agosto de 2003

INTRODUÇÃO
ESTAGNAÇÃO INTELECTUAL

Há alguns anos, dois livros causaram um enorme espanto na comunidade acadêmica norte-americana. O primeiro deles, *Cultural Literacy: What Every American Needs to Know* [Alfabetização Cultural: o que todo americano precisa saber], escrito por E. D. Hirsch, documentou o fato de que boa parte dos estudantes universitários norte-americanos não tem o conhecimento básico necessário para compreender sequer a primeira página de um jornal, ou para agir responsavelmente como cidadãos. Por exemplo, em uma recente pesquisa, um quarto dos estudantes pensava que Franklin D. Roosevelt era presidente dos Estados Unidos durante a guerra do Vietnã. Dois terços não sabiam quando havia ocorrido a guerra civil. Um terço pensava que Colombo descobrira o Novo Mundo algum tempo depois de 1750. Numa recente pesquisa da Universidade Estadual da Califórnia, em Fullerton, mais da metade dos estudantes não foi capaz de identificar Chaucer ou Dante. Noventa por cento não sabiam quem era Alexander Hamilton, a despeito do fato de sua foto estar em toda nota de dez dólares.

Essas estatísticas seriam piadas divertidas se não fossem tão alarmantes. O que tem acontecido com nossas escolas que têm formado pessoas tão assustadoramente ignorantes? Allan Bloom, que foi um eminente educador na Universidade de Chicago, e autor do segundo livro ao qual me referi acima, argumentou em *The Closing of the American Mind* [O declínio da cultura ocidental: da crise da universidade à crise da sociedade] que por detrás desse mal-estar educacional subjaz a convicção universal dos estudantes de que toda verdade é relativa e que, portanto, a verdade não é digna de ser buscada. Bloom escreve:

> Há uma coisa de que um professor pode estar absolutamente certo: quase todos os estudantes que entram na universidade acreditam, ou dizem acreditar, que a verdade é relativa. Se essa crença for questionada, pode-se esperar a seguinte reação dos estudantes: eles não entenderão. Qualquer pessoa que considere que uma proposição não é autoevidente provoca-lhes admiração, é como se fosse admirável colocar em questão o fato de que 2+4=4. Estas são coisas sobre as quais você não pensa (...) O fato de os estudantes verem tal questão como algo de ordem moral é claramente visto no caráter da resposta deles quando desafiados — uma combinação de descrença e de indignação: "Você é um absolutista?", a única alternativa que eles conhecem, emitida no mesmo tom como... "Você realmente acredita em bruxas?". Essa pergunta produz indignação, pois alguém que acredita em bruxas pode muito bem ser um caçador de bruxas ou um juiz de Salém. O perigo do absolutismo, que eles foram ensinados a temer, não é o erro, mas a intolerância. O relativismo é necessário para a abertura; e essa é a virtude, a única virtude, que toda educação fundamental, por mais de cinquenta anos, tem se dedicado a inculcar. "Abertura" — e o relativismo que a transforma em única posição possível diante das várias reivindicações de verdade e dos vários estilos de vida e dos vários tipos de seres humanos — é a palavra de ordem que expressa o grande *insight* de nossos tempos. (...) O estudo da história e da cultura nos ensina que todo o mundo foi insensato no passado; os homens sempre pensaram que estavam certos, e isso os conduziu a guerras, perseguições, escravidão, xenofobia, racismo e machismo. A questão não é corrigir os erros e realmente estar certo; mas, sim, não pensar que você, afinal de contas, está certo.[1]

---

[1] Allan Bloom, *The Closing of the American Mind*, New York, Simon & Schuster, 1987, p. 25,26 [Publicado no Brasil por Best Seller sob o título *O declínio da cultura ocidental*: da crise da universidade à crise da sociedade].

Uma vez que não há nenhuma verdade absoluta, uma vez que tudo é relativo, o propósito da educação não é ensinar a verdade ou conhecer os fatos — pelo contrário, trata-se apenas de adquirir a habilidade necessária para enriquecer, conseguir poder e fama. A verdade se tornou irrelevante.

Ora, é natural que esse tipo de atitude relativista quanto à verdade seja antitética à cosmovisão cristã. Afinal, como cristãos, cremos que toda verdade é verdade de Deus, que Deus nos revelou a verdade, tanto na Palavra como naquele que disse: "Eu sou a Verdade". O cristão, portanto, jamais pode olhar para a verdade com apatia ou desdém. Pelo contrário, ele preza e valoriza a verdade como reflexo do próprio Deus. Por outro lado, como concluíram erroneamente os estudantes de Bloom, o compromisso com a verdade torna o cristão um intolerante; no entanto, o real conceito de tolerância requer que uma pessoa não concorde com aquilo que ela tolera. O cristão está comprometido tanto com a verdade como com a tolerância, porque acredita naquele que não somente disse "Eu sou a verdade", como também declarou "amai os vossos inimigos".

Na época em que esses referidos livros foram publicados, eu lecionava no departamento de estudos religiosos em uma faculdade cristã. Então, comecei a pensar: "Quantos cristãos teriam sido influenciados pela atitude que Bloom descreve? Como seria a performance dos meus próprios alunos nos testes de E. D. Hirsch?" Pensava com meus botões: "Como será que eles se sairiam? E por que não fazer um teste desses com eles?" Bom, foi isso que fiz.

Baseei-me num pequeno teste de conhecimentos gerais a respeito de pessoas, lugares e coisas famosas e o apliquei a duas classes de aproximadamente cinquenta alunos de segundo ano. Verifiquei que, apesar de eles apresentarem um resultado melhor do que a maioria da população de estudantes em geral, havia uma grande parte do grupo que não era capaz de identificar — mesmo com uma frase — alguns nomes e eventos importantes. Por exemplo, 49% não foram capazes de identificar Leon Tolstoi, o autor, talvez, do maior romance do mundo, *Guerra e paz*. Para minha surpresa, 16% não sabiam quem era

Winston Churchill. Um estudante pensava que ele era um dos pais fundadores dos Estados Unidos! Outro estudante o identificou como um grande pregador reavivalista de poucos séculos atrás! 20% não sabiam o que é o Afeganistão, e 22% não foram capazes de identificar a Nicarágua. 20% não sabiam onde está localizado o rio Amazonas. Imaginem! Os resultados foram ainda piores quanto a coisas e eventos. Fiquei abismado ao descobrir que 67% não foram capazes de identificar a Batalha de Bulge. Vários a identificaram com um problema que afeta pessoas em dieta.[2] 20% não sabiam o que era a "teoria da relatividade" (observe que era apenas para identificá-la como "uma teoria de Einstein" — não era necessário explicá-la). 40% não foram capazes de identificar a Última Batalha de Custer, que foi classificada como uma batalha na guerra revolucionária ou como uma batalha na guerra civil. Diante de tudo isso, não fiquei surpreso de que 73% não soubessem a que se refere a expressão "destino manifesto".

Assim, ficou claro para mim que os estudantes cristãos não eram capazes de estar acima da catástrofe de nosso sistema educacional, tanto nos níveis primários como nos secundários. Esse nível de ignorância apresenta uma verdadeira crise para as faculdades e seminários cristãos.

No entanto, um temor ainda mais terrível começou a me assombrar enquanto contemplava essas estatísticas. E pensei: "Se estudantes cristãos são tão ignorantes a respeito dos fatos gerais concernentes à história e à geografia, então, devem ser muito fortes as chances de que eles, e cristãos em geral, sejam igualmente ou ainda mais ignorantes a respeito dos fatos de nossa própria herança e doutrina cristãs". É indubitável que a nossa cultura mergulhou fundo no analfabetismo bíblico e teológico. Muitas pessoas não sabem sequer dizer quais são os quatro Evangelhos — numa recente pesquisa uma pessoa os identificou como Mateus, Marcos e Lutero! Numa outra pesquisa, Joana D'Arc foi identificada por algumas pessoas como a esposa de Noé! Comecei a

---

[2] "Bulge", além de ser o nome de um local que ficou famoso por ter sido o cenário de uma das últimas grandes batalhas da segunda guerra mundial, é uma palavra inglesa que significa "protuberância" ou "inchaço" (N. do E.).

suspeitar que, provavelmente, a igreja evangélica também esteja enredada em algum nível mais elevado dessa mesma espiral declinante.

Mas, se nós não preservamos a verdade de nossa própria herança e doutrina cristãs, quem irá fazê-lo por nós? Os que não são cristãos? Dificilmente! Se a igreja não dá valor à própria verdade cristã, então, ela se perderá para sempre. Por isso, pensei sobre como os cristãos se sairiam em um teste sobre os fatos gerais da história e doutrina cristãs.

Bem, como se sairiam? Agora, convido você a pegar uma caneta e papel e responder ao seguinte questionário. Vamos lá, o teste só levará apenas alguns minutinhos! Penso que os itens a seguir se referem a assuntos que qualquer cristão maduro de nossa sociedade é capaz de identificar. Apenas forneça alguma frase que indique seu conhecimento sobre o assunto. Por exemplo, se eu disser "John Wesley", você poderá escrever: "o fundador do Metodismo" ou "um reavivalista inglês do século XVIII".

Teste

Agostinho
Concílio de Niceia
Trindade
Duas naturezas unidas numa pessoa
Panteísmo
Tomás de Aquino
Reforma
Martinho Lutero
Expiação substitutiva
Iluminismo

Como foi? Bom, se a sua condição é a mesma que a dos ouvintes a quem eu tinha aplicado esse teste, provavelmente você não se saiu bem. Se esse é o caso, você poderia ser tentado a assumir uma postura defensiva em relação a esse teste: "Quem realmente precisa saber essas coisas? Eu não estou no programa de TV "Quem quer ser um milionário?"! Essas coisas não são realmente tão importantes.

O que realmente importa é andar com Cristo e falar dele para outras pessoas. Quem se importa com essas questões triviais?"

Realmente, espero que essa não seja a sua reação, porque isso impedirá o seu progresso, e mais, esse pequeno exercício não terá sido, de modo algum, proveitoso. Você não terá aprendido nada com ele. No entanto, há uma segunda reação, mais positiva. Você poderá perceber, talvez pela primeira vez na vida, que você tem uma real necessidade de se tornar intelectualmente engajado como um cristão, e então poderá decidir fazer algo a esse respeito. Essa é uma decisão importante. Você dará um passo que milhões de cristãos no mundo precisam dar. Ninguém fez um desafio tão impactante para os cristãos se tornarem intelectualmente engajados como Charles Malik, ex-embaixador libanês nos Estados Unidos, em seu discurso de dedicação do Billy Graham Center, em Wheaton, Illinois. Malik enfatizou que, como cristãos, estamos diante de duas tarefas na evangelização: salvar a alma e salvar a mente, ou seja, não somente converter as pessoas espiritualmente, mas também convertê-las intelectualmente. E a igreja está perigosamente atrasada com relação a essa segunda tarefa. Nossas igrejas estão cheias de pessoas que são espiritualmente nascidas de novo, mas que ainda pensam como não cristãs. Preste bastante atenção nas palavras de Malik:

> Devo ser franco com vocês: o maior perigo que ameaça o cristianismo evangélico norte-americano é o perigo do anti-intelectualismo. A mente, em suas dimensões mais amplas e profundas, não está sendo levada suficientemente a sério. A nutrição intelectual não pode acontecer separadamente de uma profunda imersão, por vários anos, na história do pensamento e do espírito. As pessoas que estão com pressa de sair da universidade e de começar a ganhar dinheiro, ou de servir a igreja, ou de pregar o evangelho, não fazem a menor ideia do imensurável valor de gastar anos de prazer conversando com as maiores mentes e espíritos do passado, amadurecendo, aperfeiçoando e ampliando os seus poderes de pensamento. O resultado é que a arena do pensamento criativo está vazia e plenamente entregue ao inimigo.[3]

[3] Charles Malik, "The Other Side of Evangelism", *Christianity Today*, Novembro, 1980, p. 41.

Malik continuou:

> É necessária outra mentalidade, totalmente diferente, para vencer o grande perigo do anti-intelectualismo. Por exemplo, essa nova mentalidade, no que diz respeito apenas à filosofia — o mais importante campo do pensamento e do intelecto — deve reconhecer o tremendo valor de gastar um ano inteiro não fazendo nada, a não ser, se debruçando intensamente sobre *A República* ou *O Sofista*, de Platão; ou dois anos sobre *Metafísica* ou *Ética*, de Aristóteles; ou três anos sobre *Cidade de Deus*, de Agostinho. Mas, se começarmos um programa de recuperação nesse e em outros campos, precisaremos de um século, pelo menos, para ficarmos atualizados como as universidades de Harvard, Tübinga e Sorbonne — e até lá, você pode imaginar onde essas universidades estarão?[4]

O que Malik claramente viu é a posição estratégica ocupada pela universidade na construção do pensamento e da cultura ocidentais. De fato, a instituição mais importante na construção da sociedade ocidental é a universidade. É na universidade que os nossos futuros líderes políticos, jornalistas, advogados, professores, cientistas, executivos e artistas serão formados. É na universidade que eles formularão ou, mais provavelmente, absorverão a cosmovisão que moldará suas vidas. Uma vez que são os formadores de opinião e os líderes que moldam a nossa cultura, a cosmovisão que eles absorverem na universidade será aquela que moldará a nossa cultura.

Por que isso é importante? Simplesmente porque o evangelho nunca é ouvido no isolamento. Ele será sempre ouvido a partir do pano de fundo do ambiente cultural em que nós vivemos. Uma pessoa criada num ambiente cultural em que o cristianismo é ainda visto como uma opção intelectual viável terá uma abertura para o evangelho que não encontraremos em uma pessoa criada em um ambiente secularizado. Por exemplo, no contexto de uma pessoa criada em um ambiente secularizado, você poderá falar sobre crer em duendes ou em bruxas, ou mesmo em Jesus Cristo. Ela não verá diferença alguma!

[4] Ibid.

Ou, oferecendo um exemplo mais realista, acontecerá o mesmo que acontece quando um adepto do Hare Krishna se aproxima de você na rua e o convida a crer em Krishna. Esse convite soará estranho, como algo bizarro, até divertido. Mas para uma pessoa nas ruas de Bombaim, tal convite iria, penso eu, parecer bastante razoável e motivaria a sua reflexão. Temo que os evangélicos se pareçam quase tão estranhos a pessoas nas ruas de Bonn, Estocolmo, ou Toronto, como os devotos de Krishna.

É parte da tarefa mais ampla dos estudiosos cristãos ajudar a criar e manter um ambiente cultural no qual o evangelho possa ser ouvido como uma opção intelectual plausível para homens e mulheres pensantes. Portanto, a igreja tem um papel vital em formar estudiosos cristãos que ajudarão a criar um lugar para ideias cristãs na universidade. O cristão em geral não percebe que há uma guerra intelectual acontecendo nas universidades, nas revistas especializadas e nas sociedades acadêmicas. O cristianismo tem sido taxado de irracional ou obsoleto, e milhões de estudantes — nossa futura geração de líderes — têm absorvido esse ponto de vista.

Essa é uma guerra que não podemos permitir que seja perdida. Às vésperas da controvérsia fundamentalista, o grande teólogo de Princeton, J. Gresham Machen, advertiu que, se a igreja perder a batalha intelectual em uma geração, a evangelização se tornará infinitamente mais difícil na geração seguinte:

> Falsas ideias são o maior obstáculo à recepção do evangelho. Podemos pregar com todo o fervor de um reformador e, mesmo assim, sermos bem-sucedidos apenas em ganhar algumas poucas pessoas perdidas por aqui e por ali; e isso só tem acontecido porque permitimos que o pensamento coletivo da nação, ou do mundo, seja controlado por ideias que, pela força irresistível da lógica, impedem o cristianismo de ser reconhecido como algo mais do que uma mera ilusão inofensiva. Sob tais circunstâncias, o que Deus deseja de nós é que destruamos o obstáculo em sua raiz.[5]

---

[5] J. Gresham Machen, "Christianity and Culture", *Princeton Theological Review* 11 (1913), p. 7.

A raiz do obstáculo deve ser encontrada na universidade e é lá que deve ser atacada. Infelizmente, a advertência de Machen não foi ouvida, e o cristianismo bíblico entrincheirou-se no gueto intelectual do fundamentalismo, do qual ele tem apenas recentemente começado a reemergir. A guerra ainda não está perdida, e é uma guerra que não devemos perder: almas de homens e mulheres estão por um fio.

Assim, o que os evangélicos têm feito para vencer essa guerra? De fato, até bem recentemente, Malik foi direto ao ponto, quando perguntou:

> Quem, entre os evangélicos, pode se equiparar aos grandes estudiosos naturalistas ou ateus em termos de erudição? Quem, entre os estudiosos evangélicos, é citado como uma fonte normativa pelas grandes autoridades seculares na história, filosofia, psicologia, sociologia, ou política? O modo evangélico de pensar tem alguma chance de se tornar dominante nas grandes universidades da Europa e da América, de modo a marcar toda a nossa civilização com seu espírito e ideias?
>
> [...] Com vistas à maior efetividade no testemunho de Jesus Cristo, e também para benefício próprio, os evangélicos não podem se dar ao luxo de viver na periferia da existência intelectual responsável.[6]

Essas palavras doem como uma martelada. Os evangélicos realmente têm vivido na periferia de uma vivência intelectual responsável. Os estudiosos evangélicos mais proeminentes — pelo menos na sua grande maioria — são como grandes peixes em pequenas lagoas. Nossa influência se estende muito pouco além da subcultura evangélica. Tendemos a publicar exclusivamente em editoras evangélicas, e, por consequência, nossos livros provavelmente continuam não sendo lidos por estudiosos não evangélicos. Em vez de participarmos mais das sociedades profissionais em geral, temos participado mais efetivamente das sociedades profissionais evangélicas. Isso mostra o quanto temos colocado nossa luz debaixo de um caixote, e, por isso, temos

---

[6] Charles Malik, "Other Side of Evangelism", p. 40.

tido pouco efeito fermentador do evangelho nos diversos campos profissionais não evangélicos. Em contrapartida, para a nossa infelicidade, a tendência intelectual da cultura, como um todo, permanece sem ser desafiada, caminhando cada vez mais fundo no secularismo. Precisamos desesperadamente de estudiosos cristãos que possam, como Malik disse, fazer frente a pensadores não cristãos nos termos próprios de sua erudição. Isso pode e deve ser feito! Há, por exemplo, uma revolução acontecendo, neste mesmo instante, no campo da filosofia que, como Malik notou, é o domínio mais importante do pensamento e do intelecto, visto que é fundamental para todas as demais disciplinas da universidade. Filósofos cristãos têm saído de seus guetos e defendido a verdade da cosmovisão cristã com argumentos filosoficamente sofisticados, nas melhores revistas seculares e sociedades profissionais. Como resultado disso, a face da filosofia americana tem mudado.

Há cinquenta anos, os filósofos em geral consideravam qualquer discurso a respeito de Deus como literalmente sem sentido, como mero palavreado, mas, hoje em dia, nenhum filósofo bem informado pode assumir tal ponto de vista. De fato, muitos dos melhores filósofos americanos, na atualidade, são cristãos declarados. Para que você possa experimentar um pequeno aperitivo do impacto dessa revolução, desejo citar uma larga porção de um artigo que foi publicado no outono de 2001, na revista *Philo*, lamentando o que o autor chamava de "a dessecularização da academia que se desenvolveu nos departamentos de filosofia desde os anos sessenta". O autor, um proeminente filósofo ateu, escreve:

> Na segunda metade do século vinte, as universidades [...] têm se tornado predominantemente secularizadas. A posição [...] padrão em cada campo [...] assumia ou envolvia argumentos de uma cosmovisão naturalista. [...] Filósofos analíticos [...] tratavam o teísmo como uma cosmovisão antirrealista ou não cognitivista, requerendo a realidade, não de uma divindade, mas meramente de expressões emotivas ou de certas "formas de vida" [...].

Isso não quer dizer que nenhum dos estudiosos, nos vários campos acadêmicos, fosse teísta realista em suas "vidas privadas"; mas teístas realistas, na maioria, excluíam seu teísmo de suas publicações e ensino, em grande medida porque o teísmo [...] era considerado como possuindo pouco valor epistêmico, incapaz de atender aos requisitos de uma posição "academicamente responsável". A secularização da academia começou a se diluir rapidamente após a publicação do influente livro de Plantinga, *God and Other Minds* [Deus e outras mentes], em 1967. [...] Esse livro, seguido sete anos depois pelo livro ainda mais impressionante de Plantinga, *The Nature of Necessity* [A natureza da necessidade], tornou claro que um teísta realista havia escrito no nível mais alto de qualidade da filosofia analítica, no mesmo campo de jogo de pessoas como Carnap, Russell, Moore, Grünbaum e outros naturalistas [...].

Os naturalistas observaram passivamente como versões realistas de teísmo, influenciadas principalmente pelos escritos de Plantinga, começaram a se espalhar pela comunidade filosófica, de modo que, hoje em dia, quase um quarto ou um terço dos professores de filosofia é teísta, a maioria ainda composta de cristãos ortodoxos.

[...] em filosofia, argumentar a favor do teísmo tornou-se, quase que na calada da noite, "academicamente respeitável", tornando a filosofia um lugar favorável para a entrada, no mundo acadêmico, dos mais inteligentes e talentosos teístas da atualidade [...].

Deus não está "morto" na academia; ele voltou à vida no final dos anos 60 e continua vivo e bem em sua última fortaleza acadêmica: os departamentos de filosofia.[7]

Esse é o testemunho de um proeminente filósofo ateu sobre a mudança que ocorreu, diante de seus olhos, na filosofia americana. Penso que ele está, provavelmente, exagerando quando estima que de um quarto a um terço dos filósofos americanos seja teísta, mas o que suas estimativas revelam é o *impacto percebido* do surgimento de filósofos cristãos nesse campo. Como o exército de Gideão, uma minoria comprometida de ativistas pode provocar um impacto proporcionalmente

[7] Quentin Smith, "The Metaphilosophy of Naturalism", *Philo*, vol. 4/2, 2001.

muito superior aos seus números. O erro principal que esse filósofo comete é o de chamar os departamentos de filosofia de "última fortaleza" de Deus na universidade. Pelo contrário, os departamentos de filosofia são apenas uma espécie de *ponta de lança*, a partir da qual operações podem ser executadas para impactar outras disciplinas na universidade, para a glória de Cristo.

O ponto é que a tarefa de dessecularização não é algo irremediável ou impossível, nem necessita, como se poderia imaginar, de mudanças significativas para ser realizada. É esse tipo de erudição cristã que representa a melhor esperança de transformação da cultura, que Malik e Machen tinham em mente. Seu verdadeiro impacto a favor da causa de Cristo somente será sentido na próxima geração, à medida que se infiltrar na cultura popular.

Assim, ela pode ser realizada! O que é triste, porém, é quão pouco apoio a igreja evangélica provê a seus pensadores, de quem ela desesperadamente tem necessidade. É irônico o fato de um estudante evangélico só ter alguma atenção da comunidade cristã após ter alcançado seu doutorado. Depois que ele obtém o seu Ph.D., recebe todo tipo de convites para palestras, e pessoas pedem que autografe seus livros — mas, quando lutava para alcançar seu título, era praticamente ignorado pela comunidade evangélica, ou até mesmo ridicularizado como um "eterno estudante". Muitos dos homens e mulheres jovens que serão relevantes — se de fato a comunidade evangélica quiser recuperar a respeitabilidade intelectual — vivem com orçamentos apertados, ou até mesmo ficam endividados durante os anos de sua formação acadêmica, abandonados e esquecidos, trabalhando sob forte estresse e ansiedade, vislumbrando um futuro ainda incerto.

Considero um tremendo privilégio dedicar uma parcela das doações de nossa família para o trabalho do Senhor, a favor de alguns desses jovens estudiosos a quem conhecemos pessoalmente e que serão nossos líderes cristãos do futuro. Recomendo fortemente às igrejas que aloquem uma quantia em seus orçamentos para o sustento de estudantes de sua congregação, especialmente os que estão em seminários ou em programas de doutorado. Candidatos a tal sustento deveriam ser entrevistados de forma semelhante à de candidatos a missionários e avaliados em termos de suas vidas espirituais pessoais, habilidades acadêmicas, e seu potencial para o futuro — pois o trabalho que assumirão é parte integrante da ação evangelística da igreja, tanto quanto o trabalho de missionários. A igreja não pode, em sã consciência, continuar ignorando tais pessoas.

Como é chocante saber que o anti-intelectualismo de que Malik falou se solidificou também em nossas instituições evangélicas de ensino superior. A erudição séria frequentemente é depreciada e obstruída, uma vez que professores são sobrecarregados com cargas elevadas de ensino, participação em comitês e outras funções administrativas que consomem tempo em demasia.

A erudição parece estar quase em último lugar na lista de prioridades. Minha própria experiência, como professor de tempo integral em um seminário, deixou claro para mim que, embora houvesse um forte compromisso da administração com a formação de pastores, havia pouca ênfase na produção de eruditos de primeira linha. As formas evangélicas de pensamento e de produção teológica jamais assumirão uma posição de liderança no mundo enquanto reinar a mentalidade de escola bíblica.

Minhas impressões pessoais foram confirmadas por um sóbrio relatório intitulado "The State of Scholarship at Evangelical Institutions" [A situação da erudição nas instituições evangélicas], um estudo realizado pelo professor Nathan Hatch, da Universidade de Notre Dame, com o apoio financeiro da *Pew Charitable Trusts*.[8] Hatch descobriu que, embora seminários e faculdades evangélicas afirmem o valor da erudição, o que elas estão falando de verdade é de um conceito genérico que identifica "erudição" com *qualquer* tipo de publicação, mesmo em nível popular. Todavia, erudição, em seu sentido estrito, como "estudo e escrita intensivos, a médio e longo prazo, sobre assuntos direcionados a parceiros no campo acadêmico", está seriamente em falta.

---

[8] Todas as citações são extraídas da versão não publicada do relatório.

Essas duas noções de "erudição" levam a dados conflitantes: enquanto o deão de uma escola relata que noventa por cento do corpo docente está "ativamente engajado" em trabalho acadêmico, um membro do corpo docente, *na mesma instituição*, estima que somente dez a quinze por cento dos docentes estão, de fato, engajados academicamente, ressaltando que os outros "setenta e cinco a oitenta por cento *pensam* que estão escrevendo para audiências acadêmicas. [...] Mas, na verdade, eles não sabem de fato o que é isso".

A pesquisa feita por Hatch em cinquenta e oito seminários e faculdades evangélicas o levou a concluir que: "apesar de todo o dinamismo e sucesso na comunicação popular, os evangélicos, como um grupo, têm fracassado em manter uma vida intelectual séria, entregando a pesquisa e o discurso intelectuais às pessoas com pressuposições seculares".

Por si só, essa conclusão seria ruim; mas a pesquisa de Hatch revelou mais dois fatos profundamente preocupantes: primeiro, *administradores de faculdades e seminários evangélicos geralmente não apreciam a erudição séria e, em alguns casos, a impedem*. "A pesquisa mostra que a liderança de faculdades e seminários, em geral, não faz da erudição uma prioridade", escreve Hatch. Erudição séria é "mais provavelmente, vista como supérflua ou, até mesmo, como algo oposto ao alvo primário da instituição", que é o ensino (faculdades) ou o treinamento pastoral (seminários). Com respeito aos seminários evangélicos, a erudição somente é valorizada "na medida em que contribui com o alvo central de treinar pastores, mas não quando ocupa tempo dos docentes fora de sala de aula". Segundo, *erudição séria é vista como irrelevante para a vida espiritual da pessoa e da igreja*. Hatch afirma: "administradores de instituições evangélicas podem valorizar a erudição, porque ela qualifica o ensino ou porque ela aumenta a reputação de suas escolas, mas, em geral, a erudição não é considerada como importante para a missão da igreja ou para o crescimento espiritual do indivíduo".

Ele conclui: "Apesar da ênfase retórica na integração da fé e da aprendizagem — o que é absolutamente trivial em instituições evangélicas —, as respostas a essa pesquisa demonstraram que o mundo acadêmico evangélico como um todo não conectou a erudição com a espiritualidade cristã e a vitalidade a longo prazo da igreja".

Como são trágicas essas atitudes tão mesquinhas! Machen observou que, em sua época, "muitos preferiam que os seminários combatessem o erro, atacando-o conforme ensinado por seus expoentes populares", em vez de confundir os estudantes "com um monte de nomes alemães desconhecidos fora dos muros da universidade". Em contrapartida, Machen insistia que é essencial que acadêmicos cristãos estejam alerta ao poder de uma ideia antes de ela alcançar formulação popularizada. O procedimento erudito, disse ele,

> é baseado simplesmente numa profunda crença na capacidade de influência das ideias. O que hoje é uma questão de especulação acadêmica, amanhã moverá exércitos e derrubará impérios. Nesse segundo estágio, já foi longe demais para ser combatida; o tempo de impedi-la era o tempo quando ainda era uma questão apaixonadamente debatida. Dessa forma, como cristãos, devemos tentar moldar o pensamento do mundo de tal maneira que a aceitação do cristianismo seja vista como algo mais do que um absurdo lógico.[9]

Como Malik, Machen também acreditava que "o principal obstáculo para a religião cristã na atualidade se colocava na esfera do intelecto"[10] e que, portanto, as objeções ao cristianismo deveriam ser atacadas na esfera da intelectualidade. "Hoje em dia, a igreja está sofrendo por causa da falta de pensamento, não pelo excesso dele".[11]

A ironia quanto à mentalidade de que nossos seminários devem produzir pastores, e não eruditos, está no fato de que são precisamente nossos futuros pastores, e não nossos futuros eruditos, que precisam ser intelectualmente engajados e receber sólido treinamento acadêmico.

---

[9] J. Gresham Machen, "Christianity and Culture", p. 6.
[10] *Ibid.*, p. 10.
[11] *Ibid.*, p. 13.

O artigo de Machen foi, originalmente, apresentado como uma preleção intitulada "The Scientific Preparation of the Minister" [A formação científica do ministro]. Um modelo para nós, nesse ponto, deveria ser o de John Wesley, um avivalista cheio do Espírito e, ao mesmo tempo, um erudito educado em Oxford.

Em 1756, Wesley apresentou "An Adress to the Clergy" [Discurso ao clero], texto que os futuros pastores de nosso tempo deveriam ler como parte de seu treinamento. Ao discutir o tipo de habilidades que um pastor deveria ter, Wesley distinguiu entre "dons naturais" e "habilidades adquiridas". É extremamente instrutivo ponderar as habilidades que Wesley considerava que um ministro deveria adquirir:

> (1) Como alguém que se esforça para explicar a Escritura a outras pessoas, tenho o conhecimento necessário para que ela possa ser luz nos caminhos dessas pessoas? [...] Estou familiarizado com as várias partes da Escritura; com todas as partes do Antigo Testamento e do Novo Testamento? Ao ouvir qualquer texto, conheço o seu contexto e os seus paralelos? [...] Conheço a construção gramatical dos quatro evangelhos, de Atos, das epístolas; tenho domínio sobre o sentido espiritual (bem como o literal) do que eu leio? [...] Conheço as objeções que judeus, deístas, papistas, socinianos e todos os outros sectários fazem às passagens da Escritura, ou a partir delas [...]? Estou preparado para oferecer respostas satisfatórias a cada uma dessas objeções?
>
> (2) Conheço grego e hebraico? De outra forma, como poderei (como faz todo ministro) não somente explicar os livros que estão escritos nessas línguas, mas também defendê-los contra todos os oponentes? Estou à mercê de cada pessoa que conhece, ou pelo menos pretende conhecer, o original? [...] Entendo a linguagem do Novo Testamento? Tenho domínio sobre ela? Se não, quantos anos gastei na escola? Quantos na universidade? E o que fiz durante esses anos todos? Não deveria ficar coberto de vergonha?
>
> (3) Conheço meu próprio ofício? Tenho considerado profundamente diante de Deus o meu próprio caráter? O que significa ser um embaixador de Cristo, um enviado do Rei dos céus?

(4) Conheço o suficiente da história profana de modo a confirmar e ilustrar a sagrada? Estou familiarizado com os costumes antigos dos judeus e de outras nações mencionadas na Escritura? [...] Sou suficientemente (se não mais) versado em geografia, de modo a conhecer a situação e dar alguma explicação de todos os lugares consideráveis mencionados nela?

(5) Conheço suficientemente as ciências? Fui capaz de penetrar em sua lógica? Se não, provavelmente não irei muito longe, a não ser tropeçar em seu umbral [...]. Ou, ao contrário, minha estúpida indolência e preguiça me fizeram crer naquilo que tolos e cavalheiros simplórios afirmam: "que a lógica não serve para nada"? Ela é boa pelo menos [...] para fazer as pessoas falarem menos — ao lhes mostrar qual é, e qual não é, o ponto de uma discussão; e quão extremamente difícil é provar qualquer coisa. Conheço metafísica; se não conheço a profundidade dos eruditos — as sutilezas de Duns Scotus ou de Tomás de Aquino — pelo menos sei os primeiros rudimentos, os princípios gerais dessa útil ciência? Fui capaz de conhecer o suficiente dela, de modo que isso clareie minha própria apreensão e classifique minhas ideias em categorias apropriadas; de modo que isso me capacite a ler, com fluência e prazer, além de proveito, as obras do Dr. Henry Moore, a "Search After Truth" [A busca da verdade] de Malebranche, e a "Demonstration of the Being and Attributes of God" [Demonstração do ser e dos atributos de Deus] de Dr. Clark? Compreendo a filosofia natural? Compreendo Gravesande, Keill, os *Principia* de Isaac Newton, com sua "teoria da luz e das cores"? Além disso, tenho alguma bagagem de conhecimento matemático? [...] Se não avancei assim, se ainda sou um noviço, que é que eu tenho feito desde os tempos em que saí da escola?

(6) Estou familiarizado com os Pais; pelo menos com aqueles veneráveis homens que viveram nos primeiros tempos da igreja? Li e reli as preciosas obras póstumas de Clemente Romano, de Inácio e Policarpo, e dei uma lida, pelo menos, nas obras de Justino Mártir, Tertuliano, Orígenes, Clemente de Alexandria e de Cipriano?

(7) Tenho conhecimento adequado do mundo? Tenho estudado as pessoas (bem como os livros), e observado seus temperamentos, máximas e costumes? [...] Esforço-me para não ser rude ou mal-educado: [...] sou [...] afável e cortês para com todas as pessoas?

Se sou deficiente mesmo nas capacidades mais básicas, não deveria me arrepender frequentemente dessa falta? Quão frequentemente [...] tenho sido menos útil do que eu poderia ter sido![12]

É notável essa perspectiva de Wesley de como deve ser o pastor: um cavalheiro, hábil nas Escrituras e conhecedor da história, da filosofia e da ciência de seu tempo. Quantos pastores graduados em nossos seminários se enquadrariam nesse modelo? O historiador eclesiástico e teólogo David Wells chamou nossa geração atual de pastores de "os novos incapacitadores", porque abandonaram o papel tradicional do pastor como um proclamador da verdade para a sua congregação, e substituíram-no por um novo modelo gerencial que enfatiza as habilidades de liderança, marketing e administração. Como resultado, a igreja tem produzido uma geração de cristãos para os quais a teologia é irrelevante e cujas vidas fora da igreja praticamente não diferem em nada da dos ateus. Esses novos pastores gerentes, queixa-se Wells, "têm maltratado e despreparado a igreja; eles têm deixado a igreja cada vez mais vulnerável a todas as seduções da modernidade, exatamente porque não ofereceram a alternativa, que é uma vida centrada em Deus e sua verdade".[13] Precisamos recuperar o modelo tradicional de homens como Wesley.

Mas, finalmente, não são apenas pastores e eruditos cristãos que devem ser intelectualmente engajados, se é que a igreja cristã deseja impactar nossa cultura. Leigos cristãos também devem se tornar intelectualmente engajados. Nossas igrejas estão cheias de cristãos intelectualmente preguiçosos. Como cristãos, suas mentes estão improdutivas. J. P. Moreland, em seu desafiador livro *Love God with All Your Mind* [Amar a Deus com toda a nossa mente], chama os cristãos de nossos dias de "egos vazios". Um ego vazio é desordenadamente individualista, infantil e narcisista. É passivo, sensual, ocupado e

---

[12] John Wesley, *Works*, vol. 6, p. 217-231.
[13] David F. Wells, *No Place for Truth*, Grand Rapids, Eerdmans, 1993, p. 253.

apressado, incapaz de desenvolver uma vida interior. Na passagem que, talvez, seja a mais contundente de seu livro, Moreland nos pede para imaginar uma igreja cheia de pessoas dessa estirpe. Ele pergunta:

> Como seriam o conhecimento teológico, [...] a coragem evangelística [...] a influência cultural de tal igreja? [...] Se a vida interior realmente não importa, por que gastar tempo tentando desenvolver [...] uma vida intelectual espiritualmente madura? Se uma pessoa é basicamente passiva, ela não se esforçará para ler, preferindo, em vez disso, entreter-se. Se uma pessoa é mais sensorial em sua orientação, a música, as revistas cheias de figuras e os recursos visuais, em geral, serão muito mais palatáveis do que as meras palavras ou os pensamentos abstratos impressos nas páginas de um livro. Se uma pessoa é apressada e distraída, terá pouca paciência diante do pensamento teórico e [...] um grau de atenção muito pequeno para lidar com uma ideia enquanto ela está sendo cuidadosamente desenvolvida. [...]
> E, se uma pessoa é totalmente individualista, infantil e narcisista, o que tal pessoa lerá: [...] Livros cristãos de autoajuda, cheios de conteúdo *self-service*, [...] clichês, moralismos, muitas historinhas, abundância de figuras, e diagnósticos inadequados de questões que não exigem nada do leitor. Livros a respeito de celebridades cristãs [...] que não serão lidos como livros que equipam pessoas para [...] desenvolver um conhecimento teológico bem argumentado da religião cristã, nem para ocupar seu lugar no reino de Deus. [...] Tal igreja [...] irá se tornar [...] impotente diante das poderosas forças do secularismo que ameaçam enterrar as ideias cristãs sob um manto de pluralismo sem alma e de cientificismo maldirecionado. Em tal contexto, a igreja será tentada a medir seu sucesso quase que somente em termos numéricos — números alcançados graças à acomodação cultural dos egos vazios. Dessa forma, [...] a igreja se tornará seu próprio coveiro, seus meios de "sucesso" imediato se transformarão no próprio instrumento que a marginalizará a longo prazo.[14]

---

[14] J. P. Moreland, *Love God with All Your Mind*, Colorado Springs, NavPress, 1997, p. 93-94.

O que torna essa descrição tão contundente é que não precisamos imaginar esse tipo de igreja; pelo contrário, ela *é* uma descrição fiel de muitas igrejas evangélicas da atualidade.

Não é de se admirar, portanto, que, a despeito de seu ressurgimento, o cristianismo evangélico seja tão limitado em seu impacto cultural. David Wells reflete:

> O vasto crescimento de pessoas com mentalidade evangélica [...] deveria ter revolucionado a cultura norte-americana. Com um terço dos adultos norte-americanos afirmando ter nascido de novo, uma poderosa contracorrente de oralidade, nascida de uma cosmovisão poderosa e alternativa, deveria ter invadido as fábricas, os escritórios e as empresas, a mídia, as universidades e as profissões, de um canto do país ao outro. Os resultados deveriam, agora, ser inconfundíveis. Os valores seculares deveriam ter cambaleado, e os seus proponentes deveriam estar muito preocupados. Entretanto, o fato é que todo esse inchaço de crescimento evangélico não fez qualquer impacto cultural. [...] A presença de evangélicos na cultura norte-americana apenas causou uma marolinha.[15]

Em alguns casos, as pessoas podem justificar sua falta de engajamento intelectual afirmando que preferem cultivar uma "fé simples". No entanto, aqui, penso que devemos distinguir entre fé infantil e fé como a de uma criança. Uma fé como a de uma criança é uma confiança integral em Deus como o pai celestial, e Jesus nos recomenda esse tipo de fé. Mas uma fé infantil é uma fé não refletida, imatura, e tal fé não nos é recomendada. Pelo contrário, Paulo diz: "não sejais como crianças no entendimento. Quanto ao mal, contudo, sede como criancinhas, mas adultos quanto ao entendimento" (1Co 14.20). Se uma fé "simples" significa uma fé não refletida, ignorante, então não deveríamos desejá-la. Em minha própria vida, posso testemunhar que, após muitos anos de estudo, minha adoração a Deus é mais profunda,

---

[15] David F. Wells, *No place for Truth*, p. 293.

exatamente por causa de — e não a despeito de — meus estudos teológicos e filosóficos. Em cada área que eu pesquisei intensamente (criação, ressurreição, onisciência divina, eternidade divina), minha apreciação da verdade de Deus e minha admiração de sua pessoa se tornaram mais profundas. Anseio por estudos futuros, por causa da profunda apreciação que, com certeza, eles me darão da pessoa e obra de Deus. A fé cristã não é uma fé apática, uma fé de cérebros mortos, mas uma fé viva, inquiridora. Como Anselmo afirmou, a nossa fé é uma fé que busca entendimento.

Ademais, os resultados decorrentes do fato de estarmos intelectualmente estagnados se estendem muito além de nosso próprio eu. Se leigos cristãos não se tornam intelectualmente engajados, então corremos um sério risco de perder nossa juventude. Nos colégios e nas faculdades, adolescentes cristãos são atacados intelectualmente por todas as formas de filosofias não cristãs, unidas com um relativismo avassalador. Sempre que falo em igrejas ao redor do país, constantemente me encontro com pais cujos filhos perderam a sua fé porque não havia ninguém na igreja para responder às suas perguntas.

Há alguns anos, tive o privilégio de conhecer o dr. Blanchard Demerchant, atualmente professor de filosofia. Educado em um lar cristão, Blanchard começou, ainda adolescente, a fazer perguntas acerca das dúvidas relativas à fé cristã que o perturbavam. Ele foi estudar em uma escola cristã, mas, para seu desânimo, não encontrou nenhum professor a quem pudesse fazer tais perguntas. Entretanto, havia na administração um homem bem formado. Blanchard marcou uma reunião com ele, esperando encontrar respostas para suas perguntas. Mas, quando apresentou suas questões, em vez de lidar com elas, o administrador simplesmente mandou Blanchard se ajoelhar e se arrepender diante de Deus por ter tais dúvidas.

Não é necessário dizer que esse fato apenas convenceu Blanchard, ainda mais, de que não havia nenhum valor intelectual na fé cristã. Ele começou a estudar filosofia em uma universidade secular, tornou-se ateu, convenceu a garota cristã com quem se casou a abandonar sua fé, foi convocado e enviado ao Vietnã, onde se tornou um drogado e alcoólatra e, posteriormente, voltou para encontrar seu casamento, seu trabalho e seu mundo em frangalhos. Ele quase se suicidou. Contudo, em vez disso, começou a estudar e a ponderar o ensino do homem Jesus e, de forma lenta e dolorosa, começou a voltar para a fé cristã. Para encurtar uma longa história, ele agora é uma pessoa transformada, que se reconciliou com sua esposa, Phyllis, e que tem um notável ministério com estudantes de universidades seculares, da área da filosofia, introduzindo sutilmente a perspectiva cristã em problemas filosóficos discutidos em classe. Ele me disse, com um sorriso, que seus estudantes simplesmente estão estupefatos pelo fato de ele ser simultaneamente cristão e professor de filosofia. A história de Blanchard teve um final feliz. No entanto, para muitos outros filhos de lares cristãos, o resultado é mais trágico.

Não há dúvidas de que a igreja perdeu a bola da vez nessa área. Contudo, as estruturas estão aí para a igreja remediar o problema, basta que ela queira usá-las. Estou falando, é claro, dos programas de adultos nas escolas dominicais. Por que não começar a utilizar as classes de escola dominical para oferecer instrução séria sobre assuntos como doutrina cristã, história da igreja, Novo Testamento grego, apologética, e assim por diante? Pense no potencial de transformação! Por que não?

Creio que nossa cultura pode ser mudada. Estou animado com a possibilidade de renascimento da filosofia cristã em minha geração, o que é um bom presságio para a próxima. Se Deus tem lhe chamado para se tornar um erudito cristão na frente de batalha, ou para ser um pastor cristão que ensina a verdade para sua congregação, ou para ser um leigo ou pai cristão que está preparado para responder qual é a razão da sua esperança, temos a oportunidade maravilhosa de ser agentes de mudança cultural em nome de Cristo.[16] Por amor à igreja, por amor a si próprio, por amor a seus futuros filhos e filhas, não perca essa oportunidade! Se até este instante você se vê intelectualmente

---

[16] Tendo ouvido o chamado, enfrentamos o próximo passo que é o de nos prepararmos para a batalha. Ao ler este livro, você já começou a se preparar. Um segundo passo necessário é ler *Love God with All your Mind*, de Moreland, e prosseguir estudando as referências em suas bibliografias temáticas.

estagnado e preguiçoso, agora chegou o tempo de entrar em ação! Nos próximos capítulos, iremos, com uma mentalidade plenamente engajada, explorar algumas das difíceis questões que confrontam os cristãos na cultura contemporânea.

Respostas do teste

1. Agostinho: pai da igreja (354-430), autor da obra *Cidade de Deus*, que enfatiza a graça imerecida de Deus.
2. Concílio Niceia: concílio da igreja que, em 325, ratificou oficialmente a doutrina da igual divindade do Pai e do Filho, em oposição à noção mantida pelos heréticos arianos.
3. Trindade: doutrina de que, em Deus, há três pessoas em um ser.
4. Duas naturezas unidas numa pessoa: doutrina enunciada no Concílio de Calcedônia (451), e que afirmava a verdadeira divindade e a verdadeira humanidade de Cristo.
5. Panteísmo: ideia de que o mundo e Deus são idênticos.
6. Tomás de Aquino: teólogo católico medieval (1225-1274), autor da *Suma de Teologia*, cujas ideias foram determinantes para a teologia católico-romana tradicional.
7. Reforma: origem do Protestantismo no século XVI, mediante os esforços de homens como Lutero, Calvino e Zuínglio, para reformar a doutrina e a prática da Igreja Católica Romana; enfatizava a justificação pela graça somente mediante a fé, além da autoridade exclusiva da Bíblia.
8. Martinho Lutero: monge católico-romano (1483-1546) que deu início à Reforma Protestante. Fundador do luteranismo.
9. Expiação substitutiva: doutrina que afirma a tese de que, por sua morte em nosso favor, e em nosso lugar, Cristo nos reconciliou com Deus.
10. Iluminismo: revolta intelectual na Europa, durante os séculos dezessete e dezoito, contra a autoridade da igreja e da monarquia, em nome da autonomia humana; também chamada de Idade da Razão.

1
DÚVIDA

Qualquer cristão que esteja intelectualmente comprometido com sua fé inevitavelmente enfrentará o problema da dúvida. Por isso, creio que esse problema deva ser tratado com seriedade. É até comum que líderes cristãos reconheçam o valor da razão e da busca pela verdade, porém o problema é que muitas vezes tal atitude vem acompanhada de uma convicção simplista de que, no fim das contas, a verdade do cristianismo deve ser algo muito fácil de se compreender. Contudo, tal convicção não corresponde, de forma alguma, aos fatos. Por exemplo, a década de 1960 — época em que eu ainda estudava na faculdade — foi um período em que muitos estudantes brilhantes passeavam pelos corredores do Wheaton College (Illinois). No entanto, essa mesma década foi marcada por intensas dúvidas, cinismo e incredulidade em relação à fé. Lembro-me que quando ingressei no Wheaton, no final dos anos 60, vivi profundas decepções ao ver alguns de meus colegas de classe, que eram intelectualmente brilhantes, perderem sua fé. Ao que tudo indica, rejeitaram a Cristo. Foi nessa época que percebi o quão sério é o problema da dúvida e como é necessário enfrentar com seriedade essa situação.

Entretanto, é curiosa a tendência que às vezes a igreja tem de jogar esse problema para debaixo do tapete. Quantos sermões sobre como tratar com o problema da dúvida em sua vida cristã você já ouviu? Conheço apenas alguns poucos livros que tratam desse assunto. Talvez por os cristãos acharem que não possuem tais dúvidas, nós nos acomodamos e fingimos que esse problema não existe. Mas o fato é que ele existe, e ninguém está livre dele.

Há alguns anos, por exemplo, no período em que eu estava de licença para pesquisa na Universidade do Arizona, em Tucson, o pastor da Igreja Batista, que minha esposa e eu frequentávamos, levantou-se e anunciou à sua congregação que ele gostaria de compartilhar uma grande vitória espiritual: no ano anterior, ele tinha duvidado da existência de Deus, mas agora essas dúvidas haviam sido resolvidas e ele sentia uma nova confiança no Senhor! Fiquei tão surpreso com essa confissão — afinal de contas, quem poderia pensar que esse pastor bem-sucedido e que comandava uma igreja em pleno crescimento pudesse ter duvidado de que Deus existia? Meu respeito por ele aumentou ainda mais diante de sua honestidade e de seu conselho para as pessoas não se envergonharem de suas dúvidas, mas, pelo contrário, admiti-las e enfrentá-las, e, além disso, procurar a ajuda do próprio pastor, que, por sua vez, já havia trilhado sozinho esse caminho.

Um cristão que pensa com autonomia inevitavelmente se deparará com dúvidas; e se essas dúvidas não forem devidamente tratadas, elas poderão destruir, em proporções gigantescas, a vida espiritual desse cristão. Você pode apresentar para a fé cristã objeções ou dificuldades de compreensão, sem ao menos ter soluções para cada uma delas. Essas questões não respondidas podem levá-lo a duvidar de que o cristianismo seja verdadeiro. Essa dúvida, então, pode começar a minar a vitalidade de sua experiência espiritual e fazê-lo pensar: *Talvez isso tudo seja apenas uma mera ilusão! Talvez tudo isso não passe de uma fantasia criada por minha imaginação!* Sua vida devocional começa a se enfraquecer ou se tornar até mesmo infrutífera. Afinal, como você poderia se dedicar a alguém em que não acredita que exista? Por que continuar a se enganar? Esse sentimento chega a impedi-lo de falar de Cristo aos outros. Como me disse um estudante de seminário, que estava lutando contra a dúvida: "Como posso dizer para alguém receber a Cristo quando nem eu mesmo estou certo de que isso é a verdade?"

Em pouco tempo, você se vê em uma espiral decrescente, sem ter como parar. Apesar disso, mantém a boa aparência e continua a frequentar a igreja, sem admitir suas dúvidas diante dos outros — afinal, o que eles iriam pensar? Assim, confrontos secretos surgem em seu interior, deixando-o vazio e destruindo sua vida espiritual de dentro para fora. Para piorar ainda mais, você entra em crise com sua própria hipocrisia, e isso apenas serve para acrescentar o fardo de se sentir culpado pela dúvida que carrega. O que pode ser feito? Há algum antídoto para a dúvida?

Para começar, temos de admitir que não há respostas fáceis para o problema da dúvida. Não há nenhuma receita simples e rápida que, se for seguida, dissipará suas dúvidas como num passo de mágica. Provavelmente, você terá de trabalhar com suas dúvidas num processo lento e agonizante, e pode ter de suportar o que os homens santos têm chamado de "noite escura da alma", ou "vale escuro", antes de se aproximar novamente da luz. No entanto, esteja certo de que muitos grandes homens e mulheres de Deus, antes de você, já passaram pelo mesmo caminho estreito e chegaram vitoriosos no final. Sua luta não é singular, e há esperança de um final feliz.

Mas o que se pode fazer para facilitar a jornada ao longo do caminho, ou melhor, para evitar que venhamos a nos perdermos na jornada? Deixe-me lhe dar quatro sugestões práticas.

1. Reconheça que a dúvida nunca é um problema puramente intelectual. É preciso reconhecer que há uma dimensão espiritual para o problema. Nunca perca de vista o fato de que você está envolvido numa batalha espiritual e que o inimigo de sua alma o odeia intensamente. O alvo desse inimigo é a destruição da sua vida, e nada o deterá na intenção de destruí-la. Paulo nos lembra que "não é contra pessoas de carne e sangue que temos de lutar, mas sim contra principados e poderes, contra os príncipes deste mundo de trevas, contra os exércitos espirituais da maldade nas regiões celestiais" (Ef 6.12).

A dúvida não é apenas uma questão de debate acadêmico ou de discussão intelectual sem interesse; ela envolve uma batalha contra sua alma. Se Satanás puder usar a dúvida para imobilizá-lo ou destruí-lo, ele o fará.

Infelizmente, a dimensão espiritual inerente ao problema da dúvida é com frequência ignorada por aqueles que estão envolvidos num nível acadêmico mais elevado. Quando fiz minha graduação no Wheaton College, predominava entre os estudantes a atitude de reconhecer que a dúvida era realmente uma virtude e que um cristão que não tivesse dúvida de sua fé era, de alguma forma, intelectualmente deficiente ou ingênuo. Mas tal atitude, além de ser confusa, não é bíblica. Não é bíblico pensar que a dúvida é uma virtude; pelo contrário, a dúvida é sempre descrita nas Escrituras como algo prejudicial à vida espiritual. A dúvida nunca edifica; ela sempre destrói. Como poderiam os estudantes que conheci no Wheaton College ter um entendimento tão equivocado sobre esse assunto? Provavelmente, eles confundiram o *pensar* a fé com o *duvidar* da fé. Na verdade, o pensar a fé é uma virtude, pois ajuda a entender melhor a fé e a defendê-la. Contudo, pensar a fé não é o mesmo que duvidar da fé.

É preciso que essa distinção seja mantida com clareza. Certa vez, após uma de minhas palestras, um estudante me procurou e disse: "Por que tudo o que você diz confirma o que meu pastor ensinou?" Naquela hora, fiquei espantado, mas depois sorri e disse: "Por que não deveria?" Ele replicou: "Bem, porque geralmente as outras pessoas desafiam minha fé". Minha resposta foi: "Olhe, não quero desafiar sua *fé*; quero desafiar seu *pensamento* e *edificar* a sua fé".

Como um jovem cristão, impressionou-me a experiência de ver alguns de meus colegas de classe perderem sua fé. Quando comecei a ensinar, resolvi fazer tudo que fosse possível para ajudar meus alunos a permanecerem na fé durante esse período de estudos em que ainda exploravam questões intelectuais concernentes à fé. Em particular, resolvi nunca apresentar objeções ao cristianismo sem também apresentar e defender várias soluções para essas objeções. Um de meus colegas que não seguia esse método me deixou preocupado com alguns alunos cristãos que frequentavam suas aulas. "Estava somente tentando levá-los a pensar" — explicou-me — "Estava, na verdade, fazendo apenas o papel de advogado do diabo".

Para mim, essas palavras foram como um balde de água fria. Para ele, eram apenas palavras. Contudo, o que realmente me golpeou foi o sentido literal que elas evocavam. *Brincar de advogado do diabo*. Pense nisto: ser o advogado de Satanás na sala de aula! Isso é algo que nunca devemos permitir que aconteça. Como professores cristãos, estudantes e leigos, nunca devemos perder de vista a mais ampla batalha espiritual em que estamos todos envolvidos. Por isso, devemos ser extremamente cuidadosos com o que dizemos ou escrevemos, a fim de que não nos tornemos instrumentos de Satanás na destruição da fé de alguém. Podemos desafiar as pessoas a pensarem a fé de forma mais profunda e rigorosa sem encorajá-las a duvidar de sua fé.

Naturalmente, ao pensar a fé, você encontrará dificuldades ou objeções que podem causar dúvida. No entanto, o primeiro ponto que tento enfatizar aqui é que, nesses casos, não se deixe enganar pensando que se trata apenas de uma luta intelectual; há também nessa luta uma dimensão espiritual mais profunda. "Tende bom senso e estai atentos", adverte Pedro, porque "o Diabo, vosso adversário, anda em derredor, rugindo como leão que procura a quem possa devorar" (1Pe 5.8). Não seja tão ingênuo pensando que o Diabo também não está envolvido na disputa intelectual. Como diz Paulo, devemos sempre permanecer vigilantes, "para que Satanás não leve vantagem sobre nós, porque não ignoramos as suas artimanhas" (2Co 2.10,11). Em especial, Paulo nos adverte a não deixar que ninguém nos tome por presa: "para que ninguém vos tome por presa, por meio de filosofias e sutilezas vazias, segundo a tradição dos homens, conforme os espíritos elementares do mundo, e não de acordo com Cristo" (Cl 2.8).

Quando as dúvidas aparecerem, não tente escondê-las ou fingir que elas não existem. Leve-as a Deus em oração e peça-lhe que o ajude a resolvê-las. Com honestidade, converse com Deus acerca das dúvidas que você possui sobre a existência divina, sobre a divindade de Cristo ou sobre qualquer outra dúvida. Deus tem cuidado de você e o ajudará. Aprecio a oração do homem que foi ao encontro de Jesus e clamou: "Eu creio! Ajuda-me na minha incredulidade" (Mc 9.24). Que consolo é saber que Jesus aceitou tal oração e tal fé e respondeu positivamente a elas! O momento em que temos dúvidas intelectuais é o tempo apropriado para aprofundarmos nossa vida espiritual e procurarmos a plenitude do Espírito de Deus.

2. *Quando a dúvida surge, tenha em mente a relação adequada que existe entre fé e razão.* As questões aqui são as seguintes: Como sei que a minha fé é verdadeira? Posso ter essa informação com base na razão e na evidência? Ou, posso saber se é verdadeira pela própria fé? Minha fé baseia-se na autoridade ou talvez na experiência mística? Como sei que minha fé cristã é verdadeira?

Quando lemos o Novo Testamento, o que se obtém é a resposta de que a nossa fé verdadeira se evidencia pelo próprio testemunho do Espírito Santo dentro de nós. O que quero dizer com isso? Quero dizer que não é com base em qualquer espécie de evidência ou prova que *inferimos* que nossa fé é verdadeira, mas é com base no testemunho do Espírito Santo em nossos corações que reconhecemos, de forma imediata e inconfundível, que a nossa fé é verdadeira. O Espírito de Deus torna evidente que a nossa fé é verdadeira.

Verifiquemos rapidamente o que os apóstolos Paulo e João disseram a respeito desse assunto. De acordo com Paulo, todo cristão é habitação do Espírito Santo, e é o testemunho do Espírito que nos dá a certeza de sermos filhos de Deus: "Porque não recebestes um espírito de escravidão para vos reconduzir ao temor, mas o Espírito de adoção, pelo qual clamamos: Aba, Pai! O próprio Espírito dá testemunho ao nosso espírito de que somos filhos de Deus" (Rm 8.15-16). Em outro lugar, Paulo fala dessa certeza como "plenitude do entendimento" (Cl 2.2) e como "absoluta convicção" (1Ts 1.5). Algumas vezes chamamos essa experiência de "certeza da salvação". Ora, a salvação requer a existência de Deus, a expiação de Cristo por nossos pecados, a ressurreição de entre os mortos, e assim por diante. Dessa forma, se você tem certeza de sua salvação, então é preciso também ter segurança em relação a todas as outras verdades. Por consequência, o testemunho do Espírito dá ao crente uma certeza imediata de que sua fé é verdadeira.

O apóstolo João ensina a mesma coisa e, de forma explícita, contrasta essa certeza com a certeza baseada na evidência e no argumento. Ele começa com um lembrete aos seus leitores cristãos: "Ora, vós tendes a unção da parte do Santo, e todos tendes conhecimento [...] Quanto a vós, a unção que dele recebestes mantém-se em vós, e não tendes necessidade de que alguém vos ensine. Mas, a unção que vem dele é verdadeira, não é baseada na mentira, e vos ensina a respeito de todas as coisas; permanecei nele assim como ela vos ensinou" (1Jo 2.20,27). Aqui a unção do Espírito Santo, que cada cristão desfruta, é a fonte do nosso conhecimento da verdade a respeito de nossa fé. João, então, continua a contrastar a confiança trazida pelo Espírito de Deus com a certeza trazida pela evidência humana: "Pois há três que dão testemunho [no céu: o Pai, a Palavra e o Espírito Santo; e estes três são um. E três são os que testificam na terra]: o Espírito a água e o sangue, e os três são unânimes num só propósito. Se admitimos o testemunho dos homens, o testemunho de Deus é maior; ora, este é o testemunho de Deus, que ele dá acerca do seu Filho. Aquele que crê no Filho de Deus tem, em si, o testemunho" (1Jo 5.7-10a [ARA]). A "água" aqui provavelmente se refere ao batismo de Jesus, e o "sangue", à sua crucificação. São dois eventos que marcaram o começo e o fim do ministério terreno de Cristo. "O testemunho dos homens" é o testemunho apostólico do ministério de Jesus desde seu batismo até sua crucificação. Todavia, João declara que, mesmo que recebamos corretamente esse testemunho, o testemunho interior do Espírito Santo é ainda maior. Tal afirmação é notável porque, em seu Evangelho, João atribuiu grande valor ao testemunho apostólico: "Estes [sinais], porém, foram registrados para que possais crer que Jesus é o Cristo, o Filho de Deus [...] E é esse o discípulo que dá testemunho dessas coisas e que as escreveu. E sabemos que o seu testemunho é verdadeiro" (Jo 20.31; 21.24). Contudo, aqui em sua primeira epístola ele assevera que o conhecimento inspirado pelo Espírito Santo é realmente mais certo do que o testemunho dos próprios apóstolos.

Fundamentalmente, sabemos que o ponto de vista do Novo Testamento ressalta que a nossa fé é verdadeira pelo testemunho autolegitimador do Espírito Santo.[1]

Qual então é o papel que a razão exerce? Creio que uma distinção feita pelo reformador protestante, Martinho Lutero, pode nos ajudar. Lutero distinguiu entre o que ele chamou de uso *magisterial* e uso *ministerial* da razão. No uso magisterial da razão, esta se coloca acima do evangelho como um magistrado e juiz, quer seja verdadeira, quer seja falsa. No uso ministerial da razão, a razão se submete ao evangelho e o serve como criada. Lutero sustentava que somente o uso ministerial da razão é legítimo. A partir do que acabei de dizer, podemos verificar que ele estava certo. No momento em que a razão assume o papel magisterial, há a usurpação do papel que devidamente pertence ao próprio Espírito Santo. É ele que nos ensina diretamente a verdade do evangelho, e a razão não tem nenhum direito de contradizê-lo.

Por outro lado, a razão exerce o papel de serva. Ela é um instrumento dado por Deus para nos ajudar a entender e a defender nossa fé. Embora o Espírito Santo nos dê a certeza sobre as verdades elementares de nossa fé, ele não nos oferece o conhecimento de todas as suas ramificações e de todos os seus detalhes — por exemplo, se Deus não está preso ao tempo ou se ele tem uma existência infindável no tempo, como reconciliar providência e livre-arbítrio, ou como formular a doutrina da Trindade? São questões que devem ser decididas por meio da reflexão.

---

[1] Os leitores que desejam prosseguir mais fundo na abordagem à teoria religiosa do conhecimento podem proveitosamente consultar a obra de Alvin Plantinga, Warranted Christian Belief [Fé cristã garantida] (Oxford, Oxford University Press, 2001). Minha principal diferença com Plantinga é que, enquanto ele concebe o testemunho do Espírito Santo como algo (externo) que responde a uma faculdade cognitiva, eu creio que tal testemunho faz parte exatamente das circunstâncias cognitivas que fundamentam a fé cristã.

Como pontuou Anselmo, a nossa fé é aquela que procura entendimento. De modo semelhante, a razão pode ser usada para defender a nossa fé na formulação de argumentos relacionados à existência de Deus ou na refutação de objeções. Embora os argumentos desenvolvidos desse modo sirvam para confirmar a verdade de nossa fé, eles não são propriamente a base de nossa fé. Afinal, nossa base é suprida pelo testemunho do próprio Espírito Santo. Mesmo que não houvesse nenhum argumento em defesa da fé, a nossa fé ainda teria seu firme fundamento.

Então, qual é a implicação de tudo isso para o problema da dúvida? Simplesmente esta: *a dúvida é controlável desde que a razão não usurpe o papel magisterial*. Se a razão exercer seu papel ministerial, a certeza espiritual de nossa fé não pode ser minada. A dúvida se torna perigosa somente quando permitimos que a razão usurpe o papel magisterial e tome o lugar do Espírito Santo.

Isso não significa que o cristianismo não possa enfrentar a razão. Pelo contrário, eu creio que qualquer pessoa que seguir o papel magisterial da razão, estando munida de fatos e destituída de erros, concluirá que o cristianismo é verdadeiro. Naturalmente, essa pessoa seria Deus e, portanto, dificilmente necessitaria de qualquer prova! Contudo, o fato é que pessoas em diferentes tempos e lugares, com habilidades e oportunidades diferentes, não possuem todos os fatos e cometem erros de raciocínio. Em certas circunstâncias históricas, a evidência disponível pode ser contrária ao cristianismo. Se pessoas nessas situações suprimissem e ignorassem o testemunho do Espírito Santo, seguindo o papel magisterial da razão, elas seriam conduzidas à descrença.

Por outro lado, se dermos atenção ao testemunho do Espírito e não permitirmos que a razão abandone sua real função, não perderemos a fé ainda que sejamos confrontados com objeções que não conseguimos refutar por nossa própria capacidade limitada. Alvin Plantinga, um grande filósofo cristão, oferece uma ilustração útil sobre o que quero dizer. Ele nos convida a imaginar o seguinte cenário:

> Estou me esforçando para estabelecer uma associação com o *National Endowment for the Humanities* [Dotação Nacional para as Humanidades].

Para isso, escrevo uma carta a um colega, tentando suborná-lo a escrever uma carta persuasiva, em meu favor, ao *National Endowment*. Indignado, ele se recusa a fazer isso e envia uma carta para o meu presidente administrativo. Sob circunstâncias misteriosas, a carta desaparece do escritório do presidente. Eu tinha motivos para roubá-la, tinha oportunidade de fazê-lo e tinha fama de ter feito tais coisas no passado. Além disso, um membro do departamento, extremamente confiável, alega ter-me visto entrar furtivamente no escritório do presidente na mesma hora em que a carta teria sido roubada. A evidência contra mim é muito forte. Meus colegas me repreendem por tal conduta desleal e me tratam com óbvio desprazer. Contudo, os fatos reais são: não roubei a carta e, de fato, gastei a tarde toda numa caminhada solitária em um lugar arborizado. Tenho clara lembrança de ter passado a tarde em que o fato aconteceu andando no bosque.

Nesse caso, todas as evidências depõem contra mim. No entanto, eu sei que não sou culpado. A evidência não pode superar o conhecimento mais básico que tenho acerca da verdade de minha inocência. Mesmo que a evidência seja irrefutável, a ponto de outros pensarem que sou culpado, não sou obrigado a seguir essa evidência, uma vez que conheço melhor os fatos.[2]

Do mesmo modo, uma vez que tenho o testemunho do Espírito em minha vida, dando-me a certeza imediata da verdade de minha fé, não preciso ser abalado por objeções às quais não posso responder. Afinal, tenho um fundamento para a minha fé que é mais profundo e mais seguro do que as areias movediças da evidência e do argumento.

O fato é o seguinte: o segredo de lidar com a dúvida na vida cristã é não resolver todas as dúvidas de uma pessoa, uma vez que tal tentativa é provavelmente impossível numa existência finita. Alguém sempre terá questões sem respostas. O segredo, sobretudo, é aprender a viver vitoriosamente com as questões não respondidas. Por entender o verdadeiro fundamento de nossa fé e por atribuir à razão o seu devido

---

[2] Alvin Plantinga, "The Foundations of Theism: a Reply", Faith and Philosophy 3 (1986), p. 310.

papel, podemos evitar as questões não respondidas, voltando-nos para as dúvidas destrutivas. Em tal caso, não teremos respostas para todas as nossas perguntas, exceto num sentido mais profundo com o qual não nos importaremos. Nós saberemos que a nossa fé é verdadeira com base no testemunho do Espírito e poderemos viver com confiança ainda que tenhamos perguntas sem respostas. Essa é a razão por que é tão importante ter em mente o devido relacionamento entre fé e razão.

3. Lembre-se da fragilidade de nossos intelectos e do nosso conhecimento limitado. Sócrates disse que ele era o mais sábio homem em Atenas porque ele sabia que não sabia nada. O apóstolo Paulo assumiu um pensamento semelhante, quando confrontado pelos gnósticos gregos, que davam palpite sobre a importância do conhecimento. Ele escreveu: "O conhecimento dá ocasião à arrogância, mas o amor edifica. Se alguém supõe conhecer alguma coisa, ainda não conhece até o ponto em que é necessário conhecer. Mas, se alguém ama a Deus, esse é conhecido por ele" (1Co 8.1b-3). De acordo com Paulo, se você pensa que é tão esperto e que descobriu tudo a respeito de Deus, na verdade, você nada sabe e é apenas um tagarela intelectualmente inflado. Em contrapartida, a pessoa que ama a Deus é aquela que verdadeiramente veio a conhecê-lo.

Tal doutrina tem abalado a soberba de alguns homens em face de suas grandes realizações intelectuais. Isso significa que o mais simples filho de Deus, que vive em amor, é mais sábio, à vista de Deus, do que o brilhante Bertrand Russel, que o mundo jamais viu igual.

Como cristãos, precisamos perceber a debilidade e a finitude de nosso conhecimento humano. Com honestidade, posso testificar que quanto mais aprendo, mais desesperadamente ignorante me sinto. Além disso, o estudo somente serve para abrir a consciência de uma pessoa para todas as perspectivas infindáveis do conhecimento — mesmo na própria especialidade dessa pessoa — ainda desconhecido. Identifico-me com uma afirmação que Isaac Newton fez quando refletia sobre suas descobertas expostas em seu grande tratado sobre física, o *Principia mathematica*. Ele disse:

Não sei o que possa parecer aos olhos do mundo, mas aos meus pareço apenas ter sido como um menino brincando à beira-mar, divertindo-me com o fato de encontrar de vez em quando um seixo mais liso ou uma concha mais bonita que o normal, enquanto o grande oceano da verdade permanece completamente por descobrir à minha frente.[3]

Quando minha esposa e eu estávamos vivendo na Inglaterra durante a elaboração do trabalho de meu Ph.D., visitei, em Londres, Frederick C. Copleston, o grande historiador da filosofia. Ele passou sua vida toda escrevendo uma obra de nove volumes, *History of Philosophy* [História da filosofia], desde os antigos gregos até o século vinte, assim como numerosas obras sobre assuntos como filosofia oriental e filosofia russa. Perguntei-lhe se, após essa vida toda de estudo, ele tinha aprendido alguma lição sobrepujante que pudesse ser extraída da história da filosofia. Ele me respondeu que tinha. Em seguida, explicou-me que, quando começou o projeto, esperava mostrar como a filosofia de Tomás de Aquino era a filosofia duradoura. No entanto, logo percebeu que era impossível fazer isso. Por outro lado, o que seu estudo da história do pensamento lhe mostrou foi o fato de que qualquer filosofia humana está confinada ao tempo em que o filósofo vive, às formas de pensamento de sua época e cultura, ao ambiente intelectual em que ele escreve. Isso não significa que Copleston era um relativista; significa que nós temos de ser muito cuidadosos em nossas alegações quando descobrimos alguma verdade e muito modestos quanto às nossas próprias realizações intelectuais.

Que implicação a conclusão de Copleston nos oferece em relação ao problema da dúvida? Na verdade, implica que deveríamos ser cautelosos quanto ao pensamento que temos sobre a refutação decisiva de nossa fé. É muito improvável que encontremos uma objeção irrefutável. A história da filosofia é cheia de naufrágios dessas objeções. Devido à confiança que o Espírito Santo inspira, deveríamos avaliar rapidamente os argumentos e objeções que geram nossas dúvidas.

---

[3] Citado em Brewster's Memoirs of Newton, v. 2, cap. 27.

Eu tremo quando leio as palavras de certos filósofos não cristãos que solenemente alegam ter provado, por exemplo, que Deus não pode ser onipotente, ou que Deus não pode ser onisciente, ou que milagres são impossíveis, ou alguma outra asserção dogmática. Há algum tempo, li um artigo escrito por um filósofo que alegava ter provado que Deus não pode saber que ele é Deus! O problema com tal artigo não está apenas no fato de sua conclusão basear-se num argumento ridiculamente falacioso. Ele apresenta a filosofia em sua pior nuança, a espécie contra a qual Paulo advertiu em Colossenses 2.8. Se com nosso intelecto e recurso limitado não podemos descobrir a solução para alguma objeção ou para alguma antinomia aparente — tal como a que existe entre a presciência divina e a liberdade humana —, antes de duvidar da fé cristã ou negá-la, deveríamos simplesmente sustentar a verdade em tensão e admitir que a dificuldade repousa em nossa própria falta de percepção do problema e de sua solução. Precisamos nos lembrar da fraqueza de nosso intelecto e conhecimento limitado.

4. Lute com suas dúvidas até resolvê-las. Vimos que o segredo do manejo da dúvida em nossa vida é não resolver cada questão, *mas aprender a viver vitoriosamente com questões não resolvidas*. Qualquer pensador cristão terá uma "sacola de perguntas" cheia de dificuldades sem solução, com as quais ele deve aprender a conviver. No entanto, de vez em quando, quando tiver oportunidade, é bom retirar a sacola da prateleira, selecionar uma das perguntas e trabalhar para respondê-la. Na verdade, posso dizer que o trabalho duro numa questão não resolvida e a busca por, finalmente, encontrar uma resposta que o satisfaça intelectualmente é uma das experiências mais alegres da vida cristã. A resolução de uma dúvida que inquieta por algum tempo produz o senso maravilhoso de paz intelectual e inspira a confiança de que há soluções para as dificuldades restantes em sua sacola de perguntas.

Quando você tem uma dúvida ou uma pergunta a respeito de uma questão específica, separe algum tempo para estudá-la lendo livros ou artigos sobre o assunto. Bibliotecas de escolas cristãs e de seminários podem ser particularmente úteis, se elas estiverem disponíveis onde você vive. Mesmo bibliotecas públicas podem nos auxiliar através de serviços de empréstimos de livros de outras bibliotecas. Verifique o que os eruditos cristãos têm escrito sobre o assunto que você está explorando e escreva-lhes — ou, se possível, visite-os para discutir sua dúvida. Procure e converse com os membros do Corpo de Cristo que têm estudado o assunto. Desse modo, os membros do Corpo serão úteis para a edificação de outros. Contudo, não deixe suas dúvidas ficarem onde estão: trate de suas dúvidas, empenhe-se nelas até que você possa vencê-las, subjugando-as.

A dúvida pode ser uma experiência agonizante na vida cristã, e não há nenhum "conserto rápido" para resolvê-la. Ela requer paciência e persistência. No entanto, creio que você achará os quatro pontos que eu mencionei muito úteis quando se defrontar com a dúvida. Que Deus nos dê pelo Espírito Santo o dom da fé para que possamos triunfar sobre a dúvida e levar todo pensamento cativo à obediência de Cristo!

2
ORAÇÃO NÃO RESPONDIDA

Jesus prometeu que "Qualquer coisa que pedires em meu nome, eu o farei". Na verdade, em João 14, 15 e 16, Jesus repete essa promessa três vezes usando palavras diferentes: "E farei tudo o que pedirdes em meu nome" (Jo 14.13a); "... a fim de que o Pai vos conceda tudo quanto lhe pedirdes em meu nome" (Jo 15.16b); "Em verdade, em verdade vos digo que o Pai vos concederá tudo quanto lhe pedirdes em meu nome" (Jo 16.23b). Evidentemente, Jesus de fato estava falando sério. Tal afirmação é maravilhosa e surpreendente!

No entanto, a dificuldade é que essa promessa não parece ser verdadeira quando entendida de forma inadequada. Com frequência, pregadores podem nos exortar a tomar posse dessa promessa em nossa vida pessoal, a crer nela, além de reivindicá-la para nós mesmos. Contudo, o problema é que não podemos crer nessa promessa, quando ela é entendida de forma inadequada. Afinal, se somos implacavelmente honestos para conosco, cada um de nós sabe que, algumas vezes, Deus não responde nossas orações.

Na verdade, algumas vezes, ele *não* responde às orações porque os cristãos têm orado por coisas contraditórias. Quando era aluno no Wheaton College, ouvi a respeito de dois rapazes que estavam apaixonados pela mesma garota. Cada um orava para que Deus mudasse os sentimentos dela de forma que pudesse se casar com ela. É evidente que, pelo menos, uma das orações de um dos rapazes não iria ser respondida positivamente. Deus não poderia responder a ambos da mesma forma, uma vez que suas orações eram contraditórias. Você pode também imaginar dois atletas cristãos jogando em times opostos na disputa final do campeonato. Cada um naturalmente estaria disposto a orar para seu time ganhar, e, no entanto, as orações de ambos não poderiam ser respondidas da mesma maneira, porque os dois atletas orariam por resultados contraditórios.

Assim, no dia a dia, cada um de nós já vivenciou a experiência de ter uma oração não respondida. Pedimos a Deus para fazer alguma coisa, alguma coisa cujo objetivo é glorificá-lo, e oramos com fé, mas Deus não realiza. Algumas vezes, uma oração não respondida envolve um clamor por cura. Uma igreja que conheci orava por uma cura miraculosa de um de seus membros. As pessoas realmente criam em Deus e esperavam por um milagre. Mas o homem morreu. Muitas pessoas ficaram profundamente abaladas em sua fé; elas tinham pedido a Deus com fé por alguma coisa em nome de Jesus, e ele não fez. Talvez a promessa de Jesus, no final das contas, não fosse verdadeira — ou pode ser também que a fé não fosse verdadeira.

Não são apenas os leigos cristãos que se confrontam com esse problema. Os líderes espirituais cristãos também passam pela experiência de ter uma oração não respondida. Certa vez, ouvi Cliff Barrows dizer que seus parceiros na equipe de Billy Graham tinham, há muito tempo, cessado de orar por um bom período em favor de suas cruzadas — na verdade, algumas de suas melhores cruzadas tinham se realizado debaixo de chuva. Em seus seminários, Bill Gothard nos conta incríveis histórias, uma atrás da outra, a respeito de como Deus providenciou dinheiro para pagar as contas, mas ele também admite que, "fazendo justiça para com Deus, ele nem sempre realizou o esperado no momento exato". Em outras palavras, algumas orações ficaram sem resposta.

Ora, alguém poderia objetar: "Mas você não pode usar a experiência humana para julgar as promessas de Deus!" No entanto, o problema dessa objeção é que as próprias Escrituras dão exemplos de oração não respondida. Pense no chamado "espinho na carne" de Paulo — uma indisposição física que ele pediu três vezes para o Senhor remover (2Co 12.7) —, mas Deus não o removeu. Paulo também pediu à igreja de Roma para orar a fim de que pudesse ser liberto dos incrédulos em Jerusalém naquela que seria a sua visita final (Rm 15.31), mas ele não foi liberto. Ao contrário, lemos em Atos 21 que a prisão de Paulo em Jerusalém, por fim, o levou ao martírio. Assim, até mesmo as próprias Escrituras dão exemplos de oração não respondida. Não se pode, portanto, afirmar, de forma inadequada, que qualquer coisa que pedimos simplesmente em nome de Jesus haveremos de receber.

Isso é muito problemático. Afinal, Jesus prometeu que o que pedíssemos em seu nome nós receberíamos. Nesse sentido, sua promessa é vazia? Pior ainda, como Jesus pode ser Deus se ele faz promessas vazias? Como alguém resolve o problema da oração não respondida?

Primeiro, olhemos para soluções inadequadas para esse problema que, com frequência, são usadas por cristãos hoje. Uma solução é simplesmente negar a existência da oração não respondida. Essa é a solução mais radical, mas, apesar disso, é algumas vezes aceita por cristãos bem-intencionados. Por exemplo, quando minha esposa, Jan, e eu fomos para a equipe da Cruzada Estudantil e Profissional para Cristo, na Northern Illinois University, o nosso movimento recebeu certos cristãos que criam que a cura física estava incluída na expiação de Cristo, e, assim, nenhum cristão jamais precisava ficar doente. Bastava orar a Deus e seria curado!

Bem, o resultado disso foi que alguns de nossos alunos começaram a jogar fora seus óculos, alegando que estavam curados, mesmo sem estarem enxergando melhor. Lembro-me de que, confrontando um deles, perguntei: "Você foi curado?" Ele disse: "Sim, eu fui". Então, continuei: "Mas você consegue enxergar melhor?" "Não", ele admitiu. "Então, como você foi curado se não consegue enxergar melhor?", perguntei. E ele respondeu: "Porque não tive fé suficiente". E assim esses pobres e míopes alunos tentavam estudar e frequentar as aulas sem seus óculos, alegando que haviam sido curados, mas que lhes faltava fé para crer que Deus tinha respondido às suas orações.

Ficaria espantado com o que esses cristãos diriam a respeito de alguém que morreu de câncer, apesar de terem sido feitas orações por cura. Será que diriam que esse alguém estava realmente vivo e bem, e que estava aparentemente morto porque lhes faltava fé? Bom, o que esses cristãos precisavam não era mais fé, mas algum bom senso!

Uma solução menos radical proposta com frequência — mas também inadequada — é que Deus sempre responde à oração. No entanto, suas respostas podem variar entre *sim*, *não* e *espere*. Assim, a oração que recebe uma resposta negativa não é realmente uma oração não respondida. Deus respondeu, dizendo *não*. Contudo, tal solução é apenas um jogo de palavras. O que queremos dizer por oração não respondida é a oração que recebe uma resposta negativa. Jesus prometeu que o que pedíssemos em seu nome nós receberíamos. Entretanto, uma vez que a promessa é que ele sempre diz "sim", tal solução não muda nada na resolução do problema de alguém dizer que Deus *realmente* respondeu à sua oração só porque Deus disse "não". Assim, o problema permanece o mesmo, só mudando as palavras. Como pode, então, haver uma oração respondida negativamente?

Uma terceira solução inadequada usada pelos cristãos, algumas vezes, é a racionalização das coisas de forma que se possa dizer que, no final das contas, Deus respondeu à oração. Certa vez, participei de uma reunião em que alguém pediu a Deus para ajudar um homem gravemente doente a sair do hospital. Entretanto, no dia seguinte, o homem faleceu. Na reunião seguinte, a pessoa que tinha conduzido a oração na noite anterior anunciou o falecimento e proclamou triunfantemente que nossas orações haviam sido respondidas. "Nós pedimos a Deus para tirá-lo do hospital e, louvado seja Deus, ele saiu". Bem, esse tipo de racionalização pode ser um subterfúgio bastante desonesto. Estava claro que o intento de nossas orações na noite anterior era para que Deus curasse o homem. Racionalizar uma resposta negativa à oração é ver Deus como um grande gênio da lâmpada de Aladim que realiza a linguagem técnica de nossos pedidos, mas perde totalmente de vista a intenção, a ponto de nos oferecer algo totalmente diferente daquilo que foi pedido. Esse não é o Deus da Bíblia.

Por que não ser honesto e admitir que Deus simplesmente não respondeu à oração?

Assim, creio que a devida solução repousa numa direção diferente. Não creio que a promessa de Jesus seja vazia, mas realmente penso que ela deve ser qualificada. Não é simplesmente verdadeiro, e sem qualificação, que você irá receber qualquer coisa que pedir em nome de Jesus. A promessa deve ser qualificada de acordo com o ensino do restante da Escritura.

Qualificar a promessa pode parecer algo angustiante, mas deixe-me assinalar que há razões bem fortes para se fazer isso. Outros ensinos de Jesus têm sido qualificados à luz de diferentes passagens da Escritura. Tome o ensino de Jesus sobre o divórcio, por exemplo. Em Marcos 10.11, Jesus faz uma afirmação geral: "Aquele que se divorcia de sua mulher e casa com outra comete adultério contra ela". Nenhuma exceção é permitida. Mas, em Mateus 19.9, Jesus diz: "Mas eu vos digo que aquele que se divorciar de sua mulher, a não ser por causa de infidelidade, e se casar com outra, comete adultério". Aqui, a afirmação anterior é qualificada: há uma exceção que permite o divórcio, a saber, a infidelidade marital da parte de um cônjuge. Ora, estou sugerindo que as promessas de Jesus a respeito de oração também precisam ser qualificadas desse modo. Implícitos nas promessas gerais de Jesus estão certos qualificadores importantes, e, se esses qualificadores não são encontrados, ninguém pode reivindicar a promessa.

Quais são algumas dessas qualificações implícitas à promessa de Jesus? Muitas delas podem ser classificadas, levando-se em consideração o tópico "Obstáculos à oração respondida". Vejamos alguns deles.

1. Pecado em nossa vida. Acredito que o obstáculo mais básico que impede a resposta à nossa oração é o pecado não confessado em nossa vida. Naturalmente, a promessa de Jesus pressupõe que a pessoa que ora é um cristão vivendo na plenitude e no poder do Espírito Santo. Um cristão que vive em pecado não confessado ou no poder da carne não pode ter nenhuma confiança de que suas orações serão respondidas. O salmista disse: "Se eu tivesse guardado o pecado no coração, o Senhor não me teria ouvido" (Sl 66.18). Num versículo terrivelmente confrontador para nós, homens casados, Pedro escreve: "Da mesma forma, maridos, vivei com elas a vida do lar, com entendimento, dando honra à mulher como parte mais frágil e herdeira convosco da graça da vida, para que as vossas orações não sejam impedidas" (1Pe 3.7). Pense nisto: não tratar sua esposa de modo correto pode impedir suas orações! A promessa de Jesus pressupõe a permanência do crente em Cristo, guardando seus mandamentos, andando na luz, cheios do Espírito, e amando os irmãos. Quando você pensa a respeito disso, você inevitavelmente conclui que é somente pela graça de Deus que qualquer uma de nossas orações é respondida!

2. *Motivos errados*. Muitas vezes, as nossas orações ficam sem resposta porque os nossos motivos estão errados. Com muita frequência, nossas orações são motivadas pelo egocentrismo — uma espécie de atitude centrada em nossos desejos egomaníacos. Jesus tinha prometido, "pedi, e vos será dado" (Mt 7.7), mas Tiago explicou a seus leitores: "Pedis e não recebeis, porque pedis de modo errado, só para gastardes em vossos prazeres" (Tg 4.3). A oração que é totalmente centrada no eu não se encaixa dentro da promessa de Jesus.

Lembro-me de certa vez ter lido um tratado sobre por que não há reavivamento na igreja hoje. Uma das razões descritas num desenho era "Um santo moderno luta contra as forças das trevas". Tratava-se da descrição de um homem ajoelhando-se ao lado da sua cama e contendendo com Deus em oração: "Ó, Senhor! Por favor, dá-nos aquela TV que acabou de ser lançada no mercado! Tu sabes o quanto necessitamos dela! Por favor, Senhor, por favor, ajuda-nos a ter aquela TV!" O motivo correto para a nossa oração tem de ter como finalidade a glória de Deus. Por isso, com frequência, no Antigo Testamento, encontramos orações baseadas no desejo de que Deus fizesse algum ato por amor ao seu nome. A oração de Jesus foi para que Deus glorificasse o seu nome (ver João 12.28). Este deveria ser o nosso motivo na oração: pedir coisas a Deus, não para que nossos desejos possam ser satisfeitos, mas para que seu nome possa ser glorificado.

3. Falta de fé. O próprio Jesus deixou claro que somente crendo é que a oração pode ser respondida com certeza. Ele disse a seus discípulos: "Por isso vos digo que tudo o que pedirdes em oração, crede que já o recebestes, e o tereis" (Mc 11.24). Aqui a promessa é qualificada de tal forma que a oração deve ser acompanhada pela fé. Se você tem fé, sem duvidar, de que Deus responderá ao seu pedido, então ele o responderá. Em contrapartida, o homem dominado pelas dúvidas não pode ter qualquer confiança de que sua oração será respondida. Assim, diz Tiago, ao pedir sabedoria em oração: "Peça-a, porém, com fé, sem duvidar, pois quem duvida é semelhante à onda do mar, movida e agitada pelo vento. Tal homem não deve pensar que receberá do Senhor alguma coisa, pois vacila e é inconstante em todos os seus caminhos" (Tg 1.6-8).

De fato, essa afirmação suscita toda sorte de perguntas difíceis a respeito de como uma pessoa adquire esse tipo de fé e como tal fé pode ser mantida em face da oração não respondida. Não vou tentar tratar de tais questões agora. Deixe-me apenas observar que Jesus também disse que a fé exigida não precisa ser grande, mas que coisas poderosas podem acontecer como resultado de uma fé tão pequena quanto um grão de mostarda (ver Lc 17.6); e quero também relembrar que a fé é um dom de Deus. Nós podemos sempre orar: "Eu creio! Ajuda-me na minha incredulidade" (Mc 9.24). De qualquer forma, meu ponto principal aqui é que uma qualificação a mais deve ser introduzida à promessa de Jesus: devemos orar com fé.

4. Falta de sinceridade. Algumas vezes, nossas orações não são respondidas porque, com muita franqueza, realmente não nos preocupamos se elas são respondidas ou não. Ocasionalmente, oramos na reunião de oração por algum pedido e, então, logo nos esquecemos de tudo. Dificilmente, pensamos em perguntar depois como essa oração foi respondida. De fato, não nos preocupamos. Quando Jan e eu estávamos envolvidos no levantamento de recursos para o suporte financeiro de nosso ministério na Europa, não ficamos muito impressionados quando alguém disse: "Vou orar por vocês". Em outras palavras, o que isso significava era: "Não estou suficientemente interessado em lhes dar suporte financeiro". Entretanto, se isso é verdade, também duvido de que essa pessoa esteja honestamente interessada em orar com sinceridade.

Infelizmente, cristãos têm a ideia de que o suporte da oração é um compromisso menor do que o suporte financeiro, quando, na realidade, é exatamente o maior. Preencher um cheque a cada mês (ou coisa que o valha) e nunca mais pensar a respeito do assunto são ações que não exigem muito esforço. Porém, como é difícil orar com regularidade e sinceridade por um missionário ou por um obreiro cristão. É exatamente essa oração sincera, esse compromisso sério e profundo de tratar o assunto com Deus em oração, que ele atende. Leia as grandes orações da Bíblia e pergunte para si mesmo se aquelas pessoas eram sinceras ou não. Um belo exemplo é a oração de Ana por um filho em 1Samuel 1. Ela foi tão intensa em sua oração, tão absorta em cada coisa acontecendo ao seu redor, que o sacerdote na casa do Senhor pensou que ela estivesse bêbada! Mas, naturalmente, o exemplo supremo foi o próprio Jesus, um homem que passava a noite toda em oração a Deus, a ponto de seus discípulos literalmente se cansarem de ter de orar com ele. Leia as orações de Jesus nos evangelhos e pergunte se esse homem não estava sinceramente envolvido em sua oração. As nossas orações podem frequentemente ficar sem resposta porque realmente nos preocupamos muito pouco com o que pedimos.

5. *Falta de perseverança*. Intimamente relacionada à sinceridade está a perseverança em oração. Nossa falta de persistência pode ser a razão por que as nossas orações não são respondidas. Desanimamos muito facilmente. Oramos uma ou duas vezes, e então paramos. Alguns cristãos lhe diriam que tudo o que você tem a fazer é orar uma vez a respeito de uma determinada coisa, entregue-a ao Senhor, e, então, descanse e confie nele para tomar conta dela. Mas penso que posso dizer confiantemente que esse não é o ensino de Jesus. Pense na parábola do amigo chegando à meia noite para conseguir pão de seu vizinho (Lc 11.5-8). O vizinho não estava a fim de se levantar da cama, mas, porque seu amigo continuava a bater na porta e não estava

a fim de desistir, ele se levantou e lhe deu pão. Quanto mais, diz Jesus, o seu Pai celestial lhe dará!

Ou pense a respeito da parábola da viúva e do juiz (Lc 18.1-8). O juiz injusto não queria responder ao pedido da mulher, mas ela continuou a importuná-lo, de tal forma que ele disse que responderia ao pedido dela ou "vou fazer-lhe justiça, para que ela não venha mais me perturbar" (Lc 18.5b). O assunto da parábola, diz Lucas, é falar "sobre o dever de orar sempre e nunca desanimar" (Lc 18.1). Se queremos muito alguma coisa, devemos insistir à porta do céu e tocar continuamente a campainha do portal celeste. Na minha experiência e de Jan, algumas das respostas mais dramáticas à oração — como obter dois anos de bolsa de estudos do governo alemão para estudar sobre a evidência da ressurreição de Cristo — vieram como resposta a orações feitas pela manhã e noite num período de vários meses.

Recentemente, experimentei uma resposta dramática e inesperada à oração persistente. Desde que me tornei um cristão na noite de 11 de setembro de 1965, tenho orado para que meus pais pudessem vir à fé em Cristo. Cada dia em minha hora devocional, cinco dias por semana, por mais de trinta anos, orei pela salvação deles — sem sucesso. Eles não eram hostis a Cristo; eles apenas pareciam não sentir nenhuma necessidade dele em suas vidas. Jan e eu tínhamos compartilhado o evangelho com eles diversas vezes e tentado viver vidas exemplares perante eles. Com frequência, falávamos do que Deus estava fazendo em nossas vidas, mas sem qualquer resposta positiva da parte deles. Constantemente, perguntava-me espantado por que Deus fez tão pouco para responder às minhas orações por eles. Eu orava para que ele trouxesse alguém ou alguma influência do evangelho na vida deles, mas nada de concreto acontecia. Imaginei que talvez Deus tenha pensado que já tinha feito alguma coisa, dando-lhes um filho e uma nora envolvidos na obra cristã. Mas eu desejava que Deus fizesse mais. Assim, continuamente orava, mas, francamente, sem muita esperança de, no final, ver uma resposta às minhas orações. Há um ano, no último verão, Jan e eu estávamos visitando a casa de meus pais perto de Sedona, no Arizona, para onde eles haviam se mudado por causa do clima seco que era benéfico para o mal de Parkinson que meu pai enfrentava. Jan me disse: "Você tem que falar mais uma vez ao seu pai a respeito de receber Cristo, especialmente por causa do avanço da doença. Você pode não ter mais outra oportunidade". Sabia que ela estava certa, mas meu coração realmente não acreditava. Parecia uma espécie de exercício inútil. Contudo, sentei-me com ele na sala de estar e, com certo senso de embaraço, disse: "Pai, você sabe, nós realmente não podemos estar certos de quanto tempo vai viver ainda. Você realmente precisa pensar a respeito do que acontece quando vai para a eternidade". Sua resposta me arrasou: "Não penso realmente que haja uma evidência de vida além da morte", disse ele. Fiquei perplexo! Ali estava um homem prestes a morrer de uma doença debilitante. Você poderia pensar que ele estivesse desesperado para se agarrar a qualquer coisa, que tivesse qualquer esperança de imortalidade, não importa quão implausível fosse! Ao contrário, ele falava a respeito de evidência! De um lado, devo confessar que senti uma espécie de relutante respeito por tal descrença. Ali estava, num certo sentido, a incredulidade com a integridade: ele não iria crer por causa do desespero. Ele queria evidência. Por outro lado, também fiquei irado, porque ele nunca tinha se importado em procurar evidência quando era capaz de fazer isso, e, agora, estava tão limitado em suas capacidades que não podia sequer investigar a evidência". Então, disse: "Pai, sou talvez um dos mais importantes especialistas do mundo sobre a historicidade da ressurreição de Jesus. Tenho estudado o assunto há anos, e você conhece os livros que escrevi sobre o assunto. Sua ressurreição dentre os mortos é a evidência da vida além da sepultura e a base para a esperança cristã na vida eterna. Digo-lhe, como um especialista, que a evidência histórica para a ressurreição de Jesus é muito boa. Infelizmente, você está muito doente agora para olhar essa evidência por si mesmo. No entanto, para você se aproximar de Cristo, é preciso dar dois passos de fé. Primeiro de tudo, você terá de confiar em Cristo; segundo, você terá de confiar em mim".

Ele disse que iria pensar, e o deixamos. Pensei comigo que a reação seria a mesma de sempre. Então, algumas semanas mais tarde, Jan e eu recebemos um telefonema em nossa casa, em Atlanta. Era minha mãe. "Seu pai tem pensado no que você lhe disse", disse ela, "ele está pronto para tomar aquela decisão". Fiquei tão atônito que você poderia me derrubar com um mero sopro! Não podia crer que tinha ouvido aquilo. Todos aqueles anos de oração por exatamente isso, e poderia agora realmente ser verdade? Não parecia ser possível; era irreal! Mas lhe explicamos que, numa página específica de um de meus livros que eles tinham, havia uma oração em que se fazia um convite para Cristo entrar na vida como Salvador e Senhor. Nós lhes ensinamos como orar essa oração e lhes pedimos que nos telefonassem de volta tão logo tivessem feito. Não podia crer que isso estava realmente acontecendo, mas no dia seguinte ela nos ligou. "Fizemos a oração juntos, como você disse. Isso levou certo tempo por causa da doença de Parkinson do seu pai", explicou ela, "Mas já fizemos isso duas vezes. Queria apenas estar segura de que nós dois iríamos para o mesmo lugar".

Havia recebido a resposta maravilhosa às minhas persistentes orações. Também aprendi alguma coisa por meio daquela experiência. Percebi que havia crescido em meu coração uma raiz desconhecida de amargura em relação a Deus por causa de sua aparente falta de resposta às minhas orações pelos meus pais. Em todos aqueles anos parecia que ele não tinha feito nada. Mas, agora, vim apreciar o que eu, como um filósofo, tinha conhecido apenas intelectualmente por algum tempo: que Deus pode estar operando providencialmente, para cumprir seus propósitos, de uma forma que nós mesmos somos incapazes de detectar. Ele sabia o tempo todo a melhor resposta para as minhas orações, e eu tinha somente que ser paciente.[1] Não desanime rapidamente em sua oração por alguma coisa. Mostre a Deus que você está falando sério.

Estes, então, são alguns dos obstáculos à oração não respondida: *pecado em nossa vida, motivos errados, falta de sinceridade, falta de perseverança*. Se qualquer um desses obstáculos impede nossas orações, então não podemos reivindicar, com confiança, a promessa de Jesus: "E farei tudo o que pedirdes em meu nome" (Jo 14.13a).

---

[1] Durante a edição deste livro, meu pai foi estar com o Senhor.

Mas, naturalmente, esse não é o fim da história. Afinal, o que causa frustração em relação à oração não respondida diz respeito aos momentos em que nenhum dos obstáculos mencionados anteriormente parece impedir o caminho, e ainda assim Deus não atende ao nosso pedido. Podemos ter confessado todos os pecados conhecidos em nossa vida, orado com o desejo de glorificar a Deus, e orado com fé, com sinceridade e perseverança, e ainda assim Deus não responde como ele disse que ele faria. Na verdade, é exatamente quando todos esses elementos estão presentes que a experiência da oração não respondida é capaz de ser devastadora e desmoralizante.

Contudo, há uma qualificação importante e final da promessa de Jesus que precisa ser feita: nosso pedido deve estar de acordo com a vontade de Deus. O apóstolo João deixa isso claro em 1João 5.14-15: "E esta é a confiança que temos nele: se pedirmos alguma coisa segundo sua vontade, ele nos ouve. Se sabemos que nos ouve em tudo o que pedimos, sabemos que já alcançamos o que lhe temos pedido". É bem possível que, algumas vezes, nossas orações não sejam respondidas, não por causa de alguma falta nossa, mas simplesmente porque Deus sabe melhor do que nós o que deve ser feito. A nossa perspectiva e a nossa sabedoria são limitadas, mas as de Deus são consideradas do ponto de vista de sua onisciência. Ele sabe, e nós não sabemos, por que algumas vezes é melhor não responder aos nossos pedidos.

Observe que João diz que nossa confiança é que, se nossas orações estão de acordo com a vontade de Deus, ele as responderá. Entretanto, deveríamos sempre temperar os nossos corações com a seguinte atitude: "se é da tua vontade". Com muita frequência, ouvimos pessoas dizerem o seguinte a respeito da oração: a expressão "Se for da tua vontade" é uma espécie de pieguice, uma espécie de oração excessivamente tímida, que mostra uma falta de intrepidez diante de Deus. Não creio que a Escritura dê suporte a essa asserção. João diz que a nossa confiança não é que Deus responderá às nossas orações, mas que ele responderá às nossas orações que estão de acordo com a sua vontade. O nosso grau de confiança de que ele responderá às nossas orações é proporcional ao grau de confiança de que elas estão em conformidade com sua vontade. Se não estamos seguros de que nossos pedidos expressam sua vontade, é inteiramente apropriado dizer, "se for da tua vontade".

A justificação decisiva para esse modo de orar está no fato de que esse é o modo que Jesus orou. No Jardim do Getsêmani, ele pediu que Deus evitasse a crucificação, mas acrescentou: "todavia, não seja feita a minha vontade, mas a tua" (Lc 22.42). Pedir segundo a vontade de Deus é uma expressão de humildade e submissão a ele. É reconhecer que ele sabe melhor do que nós, e que nós queremos sua vontade mais do que queremos nossos pedidos. Quando Paulo orou para que Deus o curasse de seu espinho na carne, Deus declinou de seu pedido, dizendo: "A minha graça te é suficiente, pois o meu poder se aperfeiçoa na fraqueza" (2Co 12.9a). A resposta de Paulo? "Por isso, de muito boa vontade me gloriarei nas minhas fraquezas, a fim de que o poder de Cristo repouse sobre mim. Por isso, eu me contento nas fraquezas, nas ofensas, nas dificuldades, nas perseguições, nas angústias por causa de Cristo. Pois, quando sou fraco, então é que sou forte" (2Co 12.9b-10). Paulo queria ser curado, sim, mas ele queria, ainda mais, a vontade de Deus para sua vida. A nossa atitude deveria ser a mesma.

Se queremos que nossas orações sejam respondidas, devemos orar de acordo com a vontade de Deus. Mas como sabermos quais coisas representam sua vontade? Bem, talvez o melhor caminho para discernir isso é ler as orações da Bíblia para ver pelo que os grandes homens oravam. Creio que podemos ficar um pouco surpresos. Leia as orações de Paulo em suas epístolas. Por exemplo:

Em *Efésios*, Paulo orou:

— para que Deus desse aos Efésios um espírito de sabedoria no conhecimento dele;

— para que eles conhecessem a esperança para a qual eles haviam sido chamados; as riquezas da herança nos santos; a grandeza do poder de Deus;

— para que eles fossem fortalecidos através do Espírito Santo na vida interior;

— para que Cristo viesse morar em seus corações pela fé;

— para que eles, sendo radicados em amor, tivessem a capacidade de conhecer o insondável amor de Cristo, de forma que eles pudessem ser cheios da plenitude de Deus.

Em *Filipenses*, Paulo orou:

— para que o amor dos filipenses aumentasse cada vez mais em conhecimento e em toda a percepção, para discernirem o que é melhor, a fim de serem puros e irrepreensíveis até o dia de Cristo, para glória e louvor de Deus.

Em *Colossenses*, Paulo orou:

— para que os colossenses fossem cheios do pleno conhecimento da vontade de Deus, com toda sabedoria e entendimento espiritual, e para que vivessem de maneira digna do Senhor e em tudo o agradassem, frutificando em toda boa obra, crescendo no conhecimento de Deus e sendo fortalecidos com todo o poder.

Nas cartas aos *Tessalonicenses*, Paulo pediu:

— para que o Senhor fizesse os corações dos tessalonicenses aumentar e abundar em amor de uns para com os outros e para com todos os homens, de forma que eles fossem irrepreensíveis em santidade no retorno de Cristo;

— para que o Senhor confortasse os seus corações e os firmasse em toda boa obra e ação.

E na carta a *Filemon*, Paulo orou:

— para que o compartilhar da fé de Filemom promovesse o conhecimento de todo bem que é nosso em Cristo.

São *essas* as coisas pelas quais oramos? Por que não?

Suspeito que, com muita frequência, oramos simplesmente por coisas erradas. O que desejamos não é o que Deus deseja, e assim as nossas orações vão para o lado errado. As nossas orações serão respondidas somente quando os nossos desejos estiverem em harmonia com os desejos de Deus.

Agora, a essa altura, duas objeções poderiam ser levantadas. Primeiro, alguém poderia dizer que qualificamos tanto a promessa original de Jesus que nós a matamos por causa dessas demasiadas qualificações. Por isso, há uma enorme diferença entre dizer que "eu farei tudo o que vocês pedirem em meu nome" e "tudo o que vocês pedirem em meu nome, se vocês não tiverem nenhum pecado não confessado em suas vidas, se seus motivos forem puros, se tiverem fé, se forem sinceros e perseverantes nos seus pedidos, e, no topo de tudo, se essa é a vontade de Deus, então responderei". Posso sentir a influência dessa objeção, mas, no final, não creio que ela permanecerá, porque tenho certeza de que, quando Jesus fez essa promessa original, ele naturalmente pressupôs as qualificações que listamos e concordaria com elas se pudéssemos lhe pedir isso hoje. Na verdade, como vimos, a maioria dessas qualificações vem de seus próprios ensinos.

Com respeito às estipulações relativas à vontade de Deus, sua promessa geral não é incompatível com essa qualificação. Por exemplo, em 1João 5.14, João especifica que a oração deveria ser feita de acordo com a vontade de Deus, mas, em parágrafos anteriores, faz uma promessa geral quase igual à que Jesus fez: "Amados, se o coração não nos condena, temos confiança para com Deus; e qualquer coisa que lhe pedirmos, dele a receberemos, pois guardamos seus mandamentos e fazemos o que é agradável à sua vista" (1Jo 3.21,22). Assim, no decorrer de uma única carta, João diz que, se as nossas vidas agradam a Deus, nós recebemos qualquer coisa que pedimos (3.21,22), e que, se pedimos qualquer coisa de acordo com sua vontade, nós recebemos o que pedimos (5.14). João não pensou que a qualificação de 5.14 anulasse a promessa feita em 3.21,22. Por que deveria Jesus ter pensado de modo diferente?

Se pararmos para refletir sobre isso, chegaremos à conclusão de que seria uma receita desastrosa Deus simplesmente nos dar qualquer coisa que pedirmos. Afinal, nós sempre oraríamos para sermos libertos de qualquer sofrimento ou provação, mesmo sabendo pela Escritura que o sofrimento edifica o caráter, e a provação aperfeiçoa a nossa fé. Se Deus nos desse qualquer coisa que pedíssemos, nós seríamos imaturos, filhos mimados, e não homens e mulheres de Deus. Por outro lado, penso que as palavras de João também podem indicar que, quando nós guardamos os mandamentos de Cristo e crescemos à semelhança dele, as nossas vontades vêm a coincidir mais e mais com a vontade de Deus, de forma que podemos ter confiança de que receberemos o que pedirmos.

Contudo, mesmo o homem santo mais parecido com Cristo, e mesmo o próprio Cristo, por causa de nossa perspectiva limitada, devem algumas vezes orar: "Não seja feita a minha vontade, mas a tua".

A segunda objeção é dizer que, quando oramos "seja feita a tua vontade", a promessa de Jesus de responder às nossas orações se torna infalsificável. Em outras palavras, não há como saber se sua promessa é realmente verdadeira, porque toda vez que orarmos por alguma coisa e não a recebermos poderemos sempre dizer: "Não era vontade de Deus!" Portanto, a promessa parece vazia. Contudo, essa objeção revela falta de entendimento sobre como sabemos que a nossa fé cristã é verdadeira. A nossa confiança na verdade do cristianismo em geral e na promessa de Jesus em particular não se baseia na evidência da oração respondida. A nossa confiança na verdade de nossa fé se baseia no testemunho do Espírito Santo, confirmado pela razão. A oração é uma das dimensões da vida de fé, não da apologética. A vida cristã é um andar pela fé, e é estritamente irrelevante saber se as promessas de Deus são falsificáveis ou não. A questão é a seguinte: nós pensamos que o cristianismo é verdadeiro (ou presumivelmente não nos teríamos tornado cristãos), e assim colocamos a nossa confiança nas promessas de Deus. Por consequência, essa objeção se fundamenta num entendimento errôneo acerca da base da fé cristã.

No entanto, se não há nenhuma objeção a esse entendimento acerca da oração e da vontade de Deus, há ainda aqui um perigo real, que tenho experimentado, ou seja, a timidez na oração. Isso significa que, por estarmos incertos acerca da vontade de Deus numa situação específica, não sabemos por que orar. Assim, ficamos temerosos de pedir a Deus alguma coisa, receando orar por algo fora de sua vontade. Se um amigo está doente, devemos orar para que Deus o cure ou para que Deus lhe dê coragem e fé em seu sofrimento? Se estamos desempregados, devemos orar por um emprego ou pela atitude de contentamento enquanto aprendemos a ser humilhados? Se alguém tem passado por uma provação, deveríamos orar por libertação ou por firmeza? Podemos ficar tão intimidados por não saber pelo que orar que cessamos de orar, o que certamente não é a vontade de Deus. O que deveríamos fazer?

Bem, louvado seja o Senhor, porque há um ministério do Espírito Santo especialmente apropriado para esse problema! Paulo dirige-se exatamente a esse problema em Romanos 8.26,27 — "Do mesmo modo, o Espírito nos socorre na fraqueza, pois não sabemos como devemos orar, mas o próprio Espírito intercede por nós com gemidos que não se expressam com palavras. E aquele que sonda os corações sabe qual é a intenção do Espírito; ele intercede pelos santos, segundo a vontade de Deus". Podemos não saber pelo que orar, mas o Espírito Santo toma as nossas orações e as traduz, em conformidade com a vontade de Deus diante do trono da graça. Com tal intercessor divino, podemos orar com intrepidez — mesmo dentro de nossa perspectiva limitada — e confiar que o Espírito Santo tem intercedido de acordo com a vontade de Deus. Portanto, seja intrépido em suas orações e, sem rodeios, peça a Deus por aquilo que você pensa ser o melhor, usando sua sabedoria e discernimento espirituais. Esse também foi o procedimento de Paulo. Com intrepidez, pediu a Deus para curá-lo. Com frequência, o apóstolo também pedia às igrejas para orarem por sua libertação de seus perseguidores, embora saibamos que, no final, a vontade Deus para Paulo era diferente. Ore de acordo com sua sabedoria e de acordo com o desejo do seu coração, e confie que o Espírito Santo intercede por você, de acordo com a vontade de Deus.

Concluindo, creio que seja óbvio que essa discussão tenha enormes implicações práticas para a nossa vida. Afinal, embora tenhamos nos concentrado na oração não respondida — visto que se trata de um assunto problemático — fica claro, a partir da promessa de Jesus, que a oração não respondida deve ser a exceção, não a norma, de nossa vida de oração. Uma vez que o cristão permanece em Cristo, as respostas às suas orações deveriam ser a sua experiência regular. Ora, o que dizer a respeito da sua vida de oração? Você tem apenas prosseguido de qualquer forma na vida cristã, nunca vendo Deus realmente operar em resposta às suas orações? Quando foi a última vez que você moveu as mãos de Deus através da oração?

Se você não está satisfeito com a sua vida de oração, pode ser o tempo agora de fazer um inventário dos obstáculos às orações respondidas em sua vida. Qual é o pecado não confessado? Qual área de impureza de sua vida você tem racionalizado ou escondido de Deus? Que lugar do seu coração você ainda não abriu a Cristo nem entregou ao seu senhorio? Com egoísmo, você tem apenas orado por coisas que você possa usufruir em suas paixões? Ou você tem procurado realmente a glória de Deus? Você realmente acredita que Deus responde as suas orações? Ou você tem se tornado tão acostumado à falta de respostas que tem sido embalado numa letargia espiritual, em que não há nenhuma expectativa de resposta, e, por consequência, não tem recebido nenhuma resposta de Deus? Você realmente se preocupa se ele responde ou não? Você vai a Deus com um desejo ardente e intenso de obter respostas? Você ora uma vez e depois se esquece, ou você vem a Deus constantemente? Você luta com Deus, dizendo como Jacó, "não te deixarei ir se não me abençoares" (Gn 32.26b)? Em resumo, você ora porque isso é o que se espera dos cristãos, ou você fala sério com Deus?

Se você é sério em sua oração, deixe-me lhe fazer esta sugestão: separe algum tempo amanhã — ou mesmo hoje —, faça um inventário dos impedimentos à oração em sua vida. Arrependa-se, peça perdão a Deus e comece sob nova forma. Elabore uma lista de oração sobre pessoas específicas e coisas pelo que orar nos diferentes dias da semana, e, então, separe tempo para orar cada dia por elas. Seja específico e faça um *check list* em vermelho em cada pedido respondido. Quando você perceber Deus trabalhando, a sua fé aumentará à medida que você aprende a confiar nele mais e mais.

Se você já possui uma vida eficaz de oração, mas tem tido dificuldades com certas orações não respondidas, é preciso confiar em Deus para a sua perfeita vontade. Reflita sobre a sua onisciência e sua bondade. Se você lhe pedir pão, ele lhe dará uma pedra? (Mt 7.9). Se você lhe pedir peixe, ele lhe dará um escorpião? (Lc 11.12). Deus lhe dará o que está decretado em sua vontade boa, perfeita e agradável. Nem sempre você vai conseguir o que pedir, mas Deus sabe melhor o que servirá para fazer o seu reino crescer. Você deve confiar nele para as suas respostas. A oração é um trabalho duro, mas as promessas da oração são grandes. Portanto, esforcemo-nos para nos agarrar a tais promessas.

3
FRACASSO

Sou cristão há mais de trinta anos. Acredito que, em minha vivência cristã, frequentei milhares de cultos na igreja, centenas de reuniões na capela no Wheaton College, e um grande número de reuniões cristãs em retiros, conferências, e assim por diante, promovidas pela Cruzada Estudantil e Profissional para Cristo e por outros grupos. Todavia, durante esse período todo, nem uma vez sequer — nem uma única vez nas milhares de reuniões nos trinta anos — ouvi um orador falar sobre a questão do fracasso. Na verdade, é bem provável que eu mesmo não teria refletido seriamente sobre esse tópico se não tivesse passado por um fracasso esmagador que me levou a enfrentar o problema pessoalmente.

O fato de oradores cristãos não tratarem desse assunto não significa que ele não tenha importância. Qualquer cristão que fracassou alguma vez sabe quão devastadora a experiência pode ser e quais questões ela suscita: *Onde está Deus? Como ele deixou isso acontecer? Estou fora da sua vontade? O que faço agora? Deus realmente se preocupa, ele existe?* São questões angustiantes. Qual é o significado do fracasso para um cristão?

Ao falar desse problema, parece-me que precisamos, primeiro, distinguir dois tipos de fracasso: *fracasso na vida cristã* e *fracasso na vida de um cristão*. Por fracasso na vida cristã, quero dizer um fracasso no relacionamento e no andar com Deus que um crente pode ter. Por exemplo, um cristão pode experimentar desapontamento e fracasso devido a uma recusa em atender ao chamado de Deus, ou por sucumbir à tentação, ou por se casar com uma pessoa não cristã. Um fracasso desse tipo ocorre devido ao pecado. É essencialmente um problema espiritual, uma questão de fracasso moral e espiritual.

Por contraste, o fracasso na vida de um cristão não está relacionado a considerações espirituais. Ele não ocorre devido ao pecado na vida de um crente. É apenas a derrota de uma pessoa, cujo propósito é a aquisição de experiências cristãs na vida diária. Por exemplo, um homem de negócios cristão poderia ir à falência, um atleta cristão poderia ver seus sonhos de infância destruídos quando fracassa na tentativa de se tornar profissional, um estudante cristão poderia ser jubilado na escola a despeito de seus melhores esforços por ter sucesso, ou um trabalhador cristão poderia ver-se desempregado e incapaz de encontrar trabalho. Tais casos não são casos de fracasso no andar de uma pessoa com Deus, mas exemplos de falha no curso normal da vida, falhas que acontecem também na vida de pessoas que são cristãs.

Em seu livro mais vendido, *Failure: the back door to success* [Fracasso: a porta dos fundos para o sucesso], Erwin Lutzer discute a distinção que tenho tentado estabelecer aqui. Ele atribui o fracasso na vida cristã à concupiscência da carne (satisfação sexual), à soberba da vida (egoísmo) ou à concupiscência dos olhos (cobiça). O fracasso na vida de um cristão, que não esteja relacionado a esses elementos, é apenas parte da vida. Lutzer não vê nenhuma dificuldade específica com o segundo tipo de fracasso, mas vê a primeira espécie de fracasso como problemática. Ele escreve:

> O que causa o fracasso? O que faz um homem chegar ao final de sua vida e admitir que viveu em vão? O que motiva um homem a cometer suicídio por não ser tão dotado quanto os outros?... O que faz um homem pôr em perigo seu testemunho cristão e ter um caso com a esposa do vizinho? A resposta: Pecado — especificamente o orgulho, a cobiça ou o desejo sexual.

Naturalmente, há fracassos sem relação alguma com motivações pecaminosas: um estudante poderia fracassar na escola, um homem poderia fazer um investimento infeliz. Muitas pessoas têm fracassado em seus empregos ou simplesmente não atingem suas metas. Não deveríamos minimizar esse tipo de fracasso, mas com o tempo não é tão sério como o fracasso espiritual.[1]

Lutzer dedica a totalidade do seu livro ao fracasso na vida cristã, primeiro tipo de fracasso, porque acredita que esse tipo de fracasso tem consequências mais sérias do que o segundo tipo. Num sentido, isso é verdadeiro: uma pessoa é moralmente culpada por fracasso devido ao pecado. O fracasso na vida cristã rompe a comunhão de uma pessoa com Deus e tem consequências eternas. Precisamos confessar esse tipo de fracasso a Deus, ou nós seremos considerados responsáveis e julgados por causa dele. Assim, num sentido supremo, as consequências do fracasso na vida cristã são mais sérias do que os fracassos comuns que acontecem em nossa vida.

Por outro lado, em termos de consequências no mundo em que vivemos, não é sempre verdade que o primeiro tipo de fracasso tem consequências mais sérias. Afinal, se não sabemos como responder devidamente a ele, o fracasso na vida de um cristão pode ser até mais devastador do que o fracasso que acontece especificamente por causa do nosso pecado.

Não tenho nenhuma dificuldade específica em entender o fracasso na vida cristã. Naturalmente, o pecado conduz ao fracasso! O que mais poderíamos esperar? Nem é difícil entender a solução para esse tipo de fracasso: arrependimento, confissão, fé e obediência. Assim, não vejo o fracasso na vida cristã como um quebra-cabeça, especialmente quando reflito sobre a fraqueza de minha própria carne. Não é surpreendente que pequemos e fracassemos.

Contudo, o segundo tipo de fracasso é problemático para mim. Se alguém tem andado em fé e obediência ao Senhor, como pode essa

---

[1] Erwin Lutzer, *Failure: the back door to success*. Chicago, Moody, 1975, p. 41,42.

pessoa ser levada ao abismo do fracasso? De fato, isso é enigmático. Por esse motivo, quero focar nossa atenção nesse segundo tipo de fracasso, o fracasso na vida de um cristão, e ver se conseguimos entendê-lo. Por muitos anos, tinha o ponto de vista de que os cristãos que andavam na vontade de Deus basicamente não poderiam fracassar. Talvez fosse apenas ingênuo em excesso, mas não creio assim. Havia refletido muito sobre a questão e tinha até modificado minha posição em diversos pontos importantes. Por exemplo, eu distinguia fracasso de perseguição. A Escritura é clara ao afirmar que aqueles que tentam viver piedosamente suas vidas em Cristo Jesus experimentarão, por causa disso, perseguição. Mas Jesus também disse que eles seriam bem-aventurados por isso (ver 2Tm 3.12; Mt 5.10-12). Não se pode dizer que tenham falhado os cristãos que morreram nos campos de concentração por causa de sua fé, ou que perderam empregos, ou que foram discriminados porque eram cristãos.

Também distinguia fracasso de provações. A Escritura é clara em afirmar que, como cristãos, não estamos isentos de provações e que tal teste produz maturidade e resignação. Sem as provações, nós permaneceríamos filhos mimados e mal-acostumados. No entanto, acreditava que, se suportássemos as nossas provações com confiança na força de Deus, ele nos daria suporte e nos traria em vitória para o outro lado. Para mim, basicamente, não tinha sentido algum dizer que Deus chamaria uma pessoa para fazer alguma coisa e, depois — quando essa pessoa fosse obediente ao chamado e estivesse confiando na força de Deus —, permitiria seu fracasso.

Na verdade, há, de certa forma, base escriturística para a posição que assumia. Olhe para o que o Salmo 1.1-3 diz:

> Bem-aventurado aquele que não anda no conselho dos ímpios, não se detém no caminho dos pecadores, nem se assenta na roda dos zombadores; pelo contrário, seu prazer está na lei do Senhor, e na sua lei medita dia e noite. Ele será como a árvore plantada junto às correntes de águas, que dá seu fruto no tempo certo e cuja folhagem não murcha. Tudo que ele fizer prosperará.

O que poderia ser mais claro? Em tudo o que faz, prospera! Entretanto, vivenciei um fracasso pessoal desastroso que me forçou a repensar toda essa questão. O fato ocorreu quando Jan e eu estávamos morando na Alemanha. Estava terminando meus estudos de doutorado em teologia na Universidade de Munique, sob a orientação do famoso teólogo Wolfhart Pannenberg. Minha dissertação já havia sido aprovada, e tudo que restava era passar no exame oral em teologia (assustadoramente chamado de *Rigorosum*). Não sabendo o que esperar, tentei repetidamente obter uma entrevista com Pannenberg para discutir sobre o exame e como deveria me preparar para ele. Mas nunca consegui encontrá-lo (professores alemães tendem a ser muito mais reservados do que os professores americanos). Assim, procurei seu professor assistente, um jovem teólogo brilhante que tinha conseguido seu doutorado sob a orientação de Pannenberg. Ele deixou de lado a ideia de me preparar para o exame. "Esqueça!", ele aconselhou. Bem, eu não era tão tolo, por isso posteriormente o pressionei sobre como deveria me preparar. "Pannenberg sempre faz perguntas somente sobre os seus próprios escritos", ele respondeu. "Apenas leia o que ele tem escrito".

Isso me parecia ser uma boa estratégia, e, assim, nas semanas seguintes, li e estudei praticamente tudo o que Pannenberg já tinha escrito. Senti a confiança de que tinha dominado o pensamento dele.

No dia do exame, entrei no escritório de Pannenberg. Ele próprio aplicaria o exame, e o processo deveria ser monitorado e gravado pelo deão da faculdade de teologia, bem como por outro professor de teologia. Trocamos apertos de mãos e nos sentamos para o começo das perguntas.

Logo de cara as coisas começaram a dar errado. Pannenberg começou a fazer perguntas sobre assuntos que não foram discutidos em seus escritos. Começou a perguntar a respeito de particularidades desta ou daquela teologia, e não pude responder às perguntas. Por várias vezes, tive de confessar a minha ignorância. Não dá para explicar o sentimento de impotência e temor que me sobrevieram naquele instante. Pergunta após pergunta, percebi que estava vendo meu doutorado escapulir do meu controle — do mesmo modo que se tenta segurar algo que se escapa pelos dedos. Não havia nada que pudesse fazer para segurar. Essa tortura durou cerca de uma hora. Próximo do fim do exame, exatamente para deixar meu fracasso patente diante todos, com condescendência, Pannenberg me fez algumas perguntas fáceis, como se tivesse descido ao meu nível de conhecimento. Total humilhação.

Arrasado, deixei o departamento de teologia para me encontrar com Jan e sairmos para jantar num restaurante, onde nós havíamos planejado celebrar o bom êxito no exame. Ela se aproximou de mim, sorrindo, com um olhar de expectativa em seus olhos. "Querida, fracassei", lhe disse. Ela não podia crer. Estávamos a alguns dias do Natal e, no dia vinte e três, tínhamos planejado voltar para os Estados Unidos para visitar minha família e começar a lecionar no Trinity Evangelical Divinity School, na cidade Deerfield, Illinois. Agora, estávamos indo para casa, derrotados. E para piorar ainda mais a situação, no voo de volta, a Lufthansa perdeu a nossa máquina de escrever da IBM, a bolsa de mão de Jan onde ela tinha colocado os seus objetos pessoais mais valiosos foi roubada, e perdi minhas duas lentes de contato!

No entanto, essas perdas materiais não se comparavam em nada ao turbilhão que senti interiormente em relação à perda de meu doutorado. Não conseguia assimilar como Deus podia ter permitido isso acontecer. Ele nos tinha levado para a Alemanha e miraculosamente suprido as finanças para o meu estudo. Andávamos em sua vontade, e estava certo disso. Não havia sido negligente ou confiante em excesso. Com frequência, anteriormente, tinha tentado me encontrar com Pannenberg, mas ele estava sempre muito ocupado para mim, assim me preparei da melhor forma que podia. Contudo, em especial, tínhamos orado com muita sinceridade e com fidelidade para o exame, e havia outros cristãos cheios do Espírito nos Estados Unidos, orando por isso também. O exame tinha sido inteiramente justo, não podia negar que tinha falhado. Isso era tudo. Mas como Deus tinha deixado isso acontecer? O que dizer de suas promessas? "Tudo o que ele faz prospera", ou "O que vocês pedirem em meu nome...".

Não era justo ter fracassado no exame. Mais que isso, meu fracasso era uma crise espiritual de fé para mim. Senti-me ferido e desgraçado, mas o pior foi ter me sentido traído por Deus. Como poderia confiar nele outra vez?

Enquanto trabalhava com meus sentimentos nos dias seguintes, tornou-se claro para mim que o Salmo 1.1-3 não poderia ser construído como alguma espécie de promessa que abrangesse cada caso. Os cristãos nem sempre prosperam naquilo que eles empreendem. Algumas vezes, eles realmente fracassam, e isso é apenas um fato.

Ora, alguém poderia dizer: "Você não pode usar a experiência humana para anular a Palavra de Deus! Suas promessas permanecem a despeito de sua experiência". Mas o problema com essa resposta é que a própria Escritura dá exemplos de tais fracassos. Por exemplo, Deus prometeu dar a terra de Canaã às doze tribos de Israel. Mas, em Juízes 1.19, lemos que "O SENHOR estava com Judá, e assim Judá ocupou a região montanhosa; mas não conseguiu expulsar os habitantes dos vales, pois eles tinham carros de guerra feitos de ferro". Olhe para o que ele diz aqui: "*O Senhor estava com os exércitos de Judá* — mas, a despeito desse fato, embora conquistassem a terra, eles fracassaram em derrotar o inimigo deles nas planícies, por causa dos carros de guerra feitos de ferro que possuíam! Isto não parece fazer sentido: Deus estava com eles, e, todavia, fracassaram. Como devemos entender tal fracasso na vida do cristão?

Agora, algumas pessoas poderiam responder a essa questão alegando que Deus não tem nenhuma vontade específica para as nossas vidas. A vontade de Deus é seu desejo geral de que nós obedeçamos a seus mandamentos éticos e espirituais, que nos moldemos ao caráter de Cristo, e assim por diante. Entretanto, ele não tem nenhuma vontade específica para pessoas individuais que inclua coisas como obter um doutorado, casar com uma pessoa específica, ou entrar num negócio específico. Assim, a decisão de fazer tais coisas é produto de nossa própria iniciativa, o que pode resultar em fracasso.

Contudo, apesar de seu aparente apelo a muitas pessoas, essa solução me soa inadequada. Em primeiro lugar, ela implica um conceito deficiente da soberania, providência e orientação de Deus. Embora a Bíblia ensine sobre a liberdade humana, ela também apresenta uma forte ênfase sobre o controle soberano de Deus, e sua direção providencial sobre cada coisa que acontece. Nada acontece no mundo sem a vontade diretiva de Deus, ou sem, ao menos, no caso de atos pecaminosos, sua permissão. Além do mais, Deus tem ordenado tão providencialmente o mundo que seus fins serão realizados pelas coisas que decidimos empreender. As nossas decisões, então, não podem ser uma questão de indiferença para ele. Além disso, ele tem prometido nos guiar no que decidirmos. Tudo isso sugere que Deus realmente tem uma vontade específica para nossas vidas.

Mas, deixando de lado esse ponto, em segundo lugar, essa solução proposta realmente não chega ao cerne do problema. Afinal, mesmo que Deus não tenha uma vontade específica para nossas vidas, permanece o fato de que ele prometeu estar conosco, dando-nos poder e ajudando-nos. Essa é a razão pela qual o exemplo em Juízes é tão enigmático. O Senhor estava com eles, mas ainda assim eles fracassaram. Dessa forma, mesmo que Deus não tenha nenhuma vontade específica para nossas vidas, isso ainda não explica como nós fracassamos em coisas que decidimos fazer na força dele.

Desse modo, fui conduzido ao que era, para mim, uma nova compreensão radical em relação à vontade de Deus, a saber, que *a vontade de Deus para nossas vidas pode incluir o fracasso*. Em outras palavras, a vontade de Deus pode ser o fracasso, e ele pode conduzir você ao fracasso! Isso ocorre porque há coisas que Deus tem de ensiná-lo através do fracasso, coisas que ele nunca poderia lhe ensinar através do sucesso.

Em meu próprio caso, o fracasso em meus exames de doutorado me forçou a ver as prioridades da vida numa nova perspectiva. Quando voltamos para casa no Natal, dei a notícia a meus pais de que tinha fracassado em meu exame oral e não tinha recebido o grau de doutor. Para o meu espanto, minha mãe retorquiu: "Que importa?" Fiquei atordoado! Para mim, parecia a catástrofe da vida, mas ela apenas deu de ombros como se aquilo não fosse importante. Começou a despertar em mim um sentimento de que, em certo sentido, aquilo realmente não era importante, que há coisas na vida que são muito mais importantes do que doutorados, publicações e fama acadêmica. No final, eram os relacionamentos humanos que importavam — especialmente os relacionamentos familiares.

Veio à minha mente a lembrança de um cientista, divorciado há muitos anos, que havia encontrado na Alemanha. O que aquele homem queria de todo o coração era voltar para sua esposa e para seu filhinho. "Quando me casei", ele nos tinha dito, "gastei todo o meu tempo no laboratório. Tudo o que podia pensar era a respeito de minha pesquisa e excluía todas as outras coisas". A pesquisa parecia tão importante para ele, àquela altura. Mas agora ele sabia que não era. "Fui um tolo", ele disse. Assim, agora, também percebia novamente as bênçãos que tinha numa esposa fiel que tinha se sacrificado e trabalhado comigo todos aqueles anos que estive na escola, e nos meus amáveis pais que me aceitaram de forma incondicional justamente porque era filho deles. Aquele Natal marcou o começo de um novo relacionamento com minha família. Jan e eu viemos a conhecê-los não meramente como pais, mas como amigos.

Veja só, tinha fracassado em entender o que o verdadeiro sucesso realmente é. O verdadeiro sucesso não é a aquisição de riquezas, poder ou fama. O verdadeiro sucesso repousa na esfera do espiritual ou, para ser mais específico, repousa no fato de conhecer Deus melhor. J. I. Packer expressa seu pensamento sucintamente em seu livro *O conhecimento de Deus*:

> Atingimos o ponto onde podemos e devemos estabelecer as prioridades de nossa vida. Através das atuais publicações cristãs, você pode pensar que a coisa mais importante no mundo para qualquer cristão real ou em potencial é a união da igreja, ou testemunho social, ou o diálogo com outros cristãos e outras crenças, ou refutar este ou aquele "ismo", ou desenvolver uma filosofia e uma cultura cristãs, ou qualquer outra coisa que você queira. Mas o curso de nosso estudo faz com que a concentração dos dias presentes nessas ideias pareça como uma conspiração gigantesca no que diz respeito à falta de direção. É claro que não é isso; os assuntos são reais em

si e devem ser tratados nos seus devidos lugares. Mas é trágico que, ao prestar atenção neles, muitas pessoas hoje em dia se desviem do que era, é, e sempre será a mais alta prioridade para cada ser humano, a saber, aprender a conhecer a Deus em Cristo.[2]

Quando, a princípio, li essa afirmação, fiquei espantado: "Refutar este ou aquele 'ismo' ou desenvolver uma filosofia cristã". Essa era exatamente o tipo de coisa que importava em minha vida! Todavia, isso não era o mais importante. Alguém poderia ter sucesso nisso e, no entanto, à vista de Deus, ainda ser um fracasso.

Isso me traz à mente um pensamento que assombrou Lutzer num momento em que se via muito envolvido com o pastorado: *Você pode não estar realizando tanto quanto você pensa que está*. Podemos fazer muitas coisas para o Senhor, mas, mesmo assim, ainda podemos fracassar em ser o tipo de pessoa que Deus deseja que sejamos. Na verdade, meu maior temor é que eu esteja, algum dia, perante o Senhor, e veja todas as minhas obras subirem numa fumaça como sendo "madeira, feno ou palha" (ver 1Co 3.12). Afinal de contas, o que Jesus disse? "Mas muitos dos primeiros serão últimos; e os últimos serão os primeiros" (Mt 19.30). Em última análise, o importante não é o sucesso aos olhos do mundo, mas o sucesso aos olhos do Senhor.

Ora, isso é tanto encorajador como incriminador. Por um lado, é encorajador porque, ainda que fracassemos, o nosso fracasso pode ser a melhor parte do sucesso aos olhos do Senhor. Tenho pressentimento de que Deus não está tão interessado com o que vamos sofrer, mas em como vamos sofrer. Embora possamos fracassar na tarefa em que estamos empenhados, se respondermos ao fracasso com fé, coragem e dependência na força do Senhor, antes que com desespero, amargura e depressão, somos vistos como sucesso à vista dele.

Por outro lado, é incriminador porque podemos pensar que temos realizado muito quando realmente temos feito tão pouco ou quase

---

[2] J. I. Packer. *Knowing God*. London, Holder & Stoughton, 1973, p. 314 [Publicado em português por Mundo Cristão sob o título *O conhecimento de Deus*].

nada à vista do Senhor. O apóstolo Paulo reconheceu que ele poderia ser um teólogo brilhante e dotado, aquele que viveu na pobreza por causa de sua generosidade e que foi até martirizado por pregar o evangelho, mas ainda assim, se lhe faltasse amor, não seria nada à vista de Deus (1Co 13.1-3). Afinal, o verdadeiro sucesso é encontrado no amor a Deus e ao próximo.

Bem, qual aplicação prática que tudo isso tem para as nossas vidas? Dois pontos podem ser colocados.

1. Precisamos aprender com nossos fracassos. Quando fracassamos, não devemos adotar a atitude que a raposa da fábula de Esopo teve qualificando as uvas como azedas. Ao contrário, deveríamos analisar o nosso fracasso para ver que lição podemos aprender dele. Isso não significa tentar descobrir por que Deus permitiu que tal coisa acontecesse. Em muitos casos, nunca saberemos a razão. Muitos cristãos caem no que Packer chama de "Erro de sinaleira de York".[3] No pátio de manobras de trem na cidade de Nova York, há uma centro de controle contendo um painel eletrônico que mostra, por meio de luzes, a posição de cada trem no pátio de manobras. Na torre de controle, alguém que vê o painel todo pode entender exatamente por que um trem específico foi colocado num determinado lugar ou por que outro trem ficou num desvio em outro lugar, ainda que, para alguém que fica no mesmo patamar dos trilhos, os movimentos dos trens podem parecer inexplicáveis. O cristão que quer saber por que Deus permite cada fracasso em sua vida tem pedido, diz Packer, para estar na "caixa de sinal" de Deus. Todavia, tanto em tempos bons como maus, não temos acesso a ela. Portanto, é inútil nos torturarmos tentando descobrir a razão pela qual Deus permitiu que este ou aquele desastre abatesse nossas vidas.

Embora nem sempre tenhamos discernimento ou compreensão acerca do desígnio providencial de Deus, podemos ainda aprender

---

[3] Ibid., p. 110-111.

com nossos fracassos. Como Lutzer disse, "não é necessário saber por que Deus nos enviou o infortúnio a fim de tirarmos proveito dele".[4] Pergunte a si mesmo o que você teria feito de forma diferente em determinada situação ou o que você poderia fazer de modo diferente na próxima vez. Pergunte a si mesmo que espécie de reação Deus quer que você tenha, ou que traço do caráter pode ser desenvolvido em você como resultado da derrota. Aprenda a partir de seu fracasso.

Segundo, nunca desanime. Só porque fracassou não significa que tudo acabou para você. Aqui segue o exemplo instrutivo de um homem como Richard Nixon. Ele foi derrotado por uma pequena margem de votos, por John F. Kennedy, na campanha presidencial de 1960. Nixon retornou para o seu estado natal, Califórnia, somente para fracassar novamente em sua tentativa de se eleger como governador do estado. Parecia que sua carreira política tinha terminado. "Você não mais terá o Dick Nixon para judiar", disse ele irritado para a imprensa. Mas, em silêncio, ele estava lançando o fundamento para a sua volta. Em 1968, ele venceu Hubert Humphrey para a presidência e, em 1972, esmagou o desafiante George McGovern. Então, veio Watergate. Desonrado e enfrentando o *impeachment*, renunciou, de forma vergonhosa, o ofício de presidente. Ninguém, atrevo-me a dizer, jamais esperava ouvir muito dele novamente.

Contudo, poucos anos mais tarde, lá estava ele falando na Universidade de Oxford, debatendo com o sindicato e argumentando sobre questões de política pública. Ele continuou a fazer assim, e poucos anos mais tarde a revista *Newsweek* soltou uma matéria de capa sobre Nixon. Na página frontal da revista, além de sua fotografia, havia uma afirmação simples em letras garrafais amarelas: "Ele está de volta!" Isso resume o fato de que Nixon passou a ser considerado um estadista mais experiente, cujas opiniões sobre política internacional e conselhos políticos inteligentes ainda eram procurados.

---

[4] Lutzer, *Failure*, p. 66.

Quando pediram a Nixon em Oxford que explicasse o segredo do surpreendente retorno, ele deu este conselho, que faríamos bem em guardar no coração: "Você nunca será vencido quando fracassa. Você será vencido somente quando desistir. Nunca desista. Nunca, nunca, nunca".

Esse é um bom conselho. Você nunca ficará acabado somente por fracassar. Você estará acabado somente se você desistir. Mas não desista! Com a força de Deus, recolha os cacos de seu fracasso e, tendo aprendido com ele, prossiga.

Isso é o que fizemos em nosso caso, e estou contente em dizer que a história teve um final feliz. Nas universidades alemãs, se você fracassa nos exames orais pela primeira vez, você pode fazê-los de novo. Jan e eu sabíamos que tinha de tentar novamente, e nossos amigos nos encorajaram a fazer isso. Assim, após começar a ensinar no seminário Trinity, gastei o ano seguinte todinho me preparando para o *Rigorosum*. Dei duro na prodigiosa obra de três volumes de Harnack, *Dogmengeschichte*, na obra volumosa de Pelikan, *History of the Development of Doctrine* [História do desenvolvimento da doutrina], na obra de Cunliffe-Jones, *History of Christian Doctrine* [História da doutrina cristã], na obra de Loof, *Dogmengeschichte*, dois guias exaustivos sobre a totalidade da Dogmática, preparados para estudantes de universidades alemãs na área de teologia. Também estudei documentos de vários concílios e credos da igreja, fiz leituras dos pais da Igreja e de obras sobre teologia contemporânea, e assim por diante. Nesse meio tempo, o ano já estava por terminar, tinha uma pilha de notas, cerca de trinta centímetros de altura, que tinha praticamente memorizado, e estava preparado para responder às perguntas sobre qualquer área de teologia sistemática — fosse cristologia, antropologia, soteriologia ou qualquer outro *locus* — desde os primeiros apologistas ao tempo da Idade Média, passando pela Reforma, Iluminismo, e século XX. Estava pronto, mas morrendo de medo.

Quando me dirigi ao escritório de Pannenberg, cada coisa era muito semelhante, como antes. Mas, dessa vez, era diferente. Pannenberg começou com a doutrina da Trindade, iniciando com a doutrina do

Logos dos primeiros apologistas. E, para minha alegria (que dificilmente podia esconder!), à medida que o exame continuou a se desenvolver, vi-me pronto a responder a cada pergunta com respostas plenas e acuradas. A única questão na qual tropecei foi sobre a razão pela qual a doutrina da encarnação, ensinada por Hegel, acarretou a morte de Deus — e não me senti tão mal a respeito de falhar nessa resposta! O próprio Pannenberg ficou muito alegre com o meu sucesso e me premiou com um *magna cum laude* no meu exame. Estava flutuando!

Assim, foi uma vitória para o Senhor no final. Entretanto, a vitória não foi apenas passar nos exames. Sem mencionar as lições espirituais que Deus me ensinou, descobri uma verdade sensata. De forma semelhante a muitos outros estudantes americanos, tive uma formação muito superficial no seminário, muito rasa na matéria de história da doutrina cristã. A formação em teologia sistemática que os seminários evangélicos americanos geralmente dão a seus alunos é apenas uma sombra pálida do que os estudantes de universidades alemãs em teologia recebem. Portanto, é de se espantar que a teologia cética alemã lidere no mundo? Como podemos esperar que a teologia evangélica se torne um modelo conducente sem começarmos a treinar nossos alunos com o mesmo rigor e eficácia que caracterizam a instrução teológica na Alemanha? Sem hesitação, posso dizer que, durante aquele ano de intenso estudo, aprendi mais sobre teologia sistemática do que o fiz durante todo o meu período de seminário. Assim, embora nunca queira aliviar minha experiência, posso honestamente dizer que estou feliz por ter fracassado no exame na primeira vez. Foi melhor para mim porque, como resultado daquele fracasso, tornei-me teologicamente melhor equipado para o serviço do Senhor de modo tal que nunca teria sido possível se houvesse passado na primeira vez.

Estou muito feliz por não termos desistido. Imagine se nós tivéssemos jogado a toalha! Digamos que, na humilhação do meu fracasso, eu tivesse perdido a esperança e não tentasse fazer o exame pela segunda vez. As angústias da derrota me teriam atacado cada vez que pensasse no meu fracasso ou abrisse um livro sobre teologia sistemática. Não teria tido aquele ano de estudo intensivo e teria permanecido em meu estado anêmico de conhecimento teológico. Os anos teriam passado, e teria continuamente me feito a seguinte pergunta: *Deveria ter tentado novamente?* Mesmo que tivesse tentado e falhado na segunda vez, ainda teria sido melhor do que ter desistido. Para parafrasear um antigo ditado num contexto diferente: "É melhor ter tentado e falhado do que nunca ter tentado".

Assim, quando você se encontrar com o fracasso, não desista. Peça a Deus forças para continuar. Ele vai te fortalecer. Na verdade, há um nome bíblico para essa qualidade. Chama-se *perseverança*. Através do fracasso, se você responder de modo correto, Deus pode construir a virtude da perseverança em sua vida.

Portanto, o fracasso na vida de um cristão não deveria nos surpreender. Deus tem coisas importantes para nos ensinar através do fracasso — e o verdadeiro sucesso, o sucesso que conta para a eternidade, consiste em aprender essas lições. Assim, quando você fracassar, não se desespere nem pense que Deus o abandonou; ao contrário, aprenda com seus fracassos e nunca desista. Essa é a fórmula para o sucesso.

4
O SOFRIMENTO E O MAL (I)

Sem dúvida alguma, o maior obstáculo intelectual para a fé em Deus — tanto para o cristão como para o não cristão — é o chamado problema do mal. Em outras palavras, como é difícil aceitar que existe um Deus todo-poderoso e todo-amoroso, e que permite tanta dor e sofrimento no mundo.

O tamanho da miséria humana e da dor existente no mundo é, na verdade, incalculável. Não se pode negar a existência de todos os males resultantes da própria desumanidade do homem para com o próprio homem. Diferente dos animais, o homem parece ter uma propensão para crueldades quase inimagináveis em relação a outros seres humanos. Acredito que não exista outro modo mais convincente de ver este lado cruel do ser humano do que ler o livro de Daniel P. Mannix, *History of Torture* [História da tortura],[1] ou visitar um castelo medieval, com seus terríveis instrumentos usados para torturar prisioneiros. O que é especialmente repugnante é que, na história, a igreja tem feito parte dessa barbárie. Entre 1096 e 1274, por exemplo, a igreja medieval promoveu oito grandes Cruzadas, assim como numerosos empreendimentos menores, visando à libertação da Terra Santa

---

[1] Daniel P. Mannix, *History of Torture*. Stroud, Gloucestershire, Inglaterra, Sutton, 2003.

do controle islâmico. Essas expedições, que foram caracterizadas pela ganância, pelo engano e pelo desejo de poder, não alcançaram quase nada e ainda resultaram na perda de milhares de vidas. A Quarta Cruzada, por exemplo, promovida em 1204, tinha como alvo o Egito, mas, no último instante, os cruzados mudaram o rumo da missão e, em vez de cumprirem o alvo, saquearam a cidade cristã de Zara e, em seguida, atacaram Constantinopla, a capital do império cristão Oriental, saqueando a cidade. Um historiador descreveu tal fato como um "horror sem paralelo". Contudo, a mais abominável dessas expedições foi a chamada Cruzada das Crianças, de 1212. Nessa missão, cometeu-se a estupidez de recrutar milhares de crianças para formar um exército que pudesse libertar a Terra Santa. No entanto, as crianças não chegaram nem além de Marselha, na França. Ali elas foram raptadas e vendidas à escravidão pelos líderes da Cruzada.

A história da raça humana é uma história de derramamento de sangue e de guerra. Há alguns anos, por meio do canal de TV PBS (Public Broadcasting Station), vi um seriado de dez partes, "The World at War" [O mundo em guerra], que contava a história da Segunda Guerra Mundial. O último episódio do programa apresentou um cálculo das vidas que foram perdidas naquele conflito: 6 milhões de judeus assassinados nos campos de concentração; 16 milhões de mortos só na Alemanha; 20 milhões de pessoas mortas na antiga União Soviética; e assim por diante. Os números são impressionantes. Ao todo, 51 milhões de pessoas foram mortas na Segunda Guerra Mundial. Pense nisso! E isso ainda não diz nada a respeito de milhões e milhões de feridos, dos sofrimentos incontáveis de algumas vidas, da pobreza, da fome, da desumanização, da imoralidade e da ruptura que ocorre na normalidade da vida pelo rastro que a guerra deixa. E, para não falar daquelas estatísticas que nos entorpecem por sua incompreensibilidade, devemos nos lembrar de que aquelas pessoas morreram *uma de cada vez*.

Talvez ninguém tenha afirmado mais poderosamente a objeção que o mal moral humano representa para a existência de Deus do que o grande romancista russo Fiódor Dostoiévski. Num trecho do romance *Os irmãos Karamázov*, o ateu Ivan explica a seu irmão Aliocha, um sacerdote da Igreja Ortodoxa Russa, como o mal no mundo torna impossível para ele a crença em Deus:

> A propósito, um búlgaro contava-me outrora em Moscou — continuou Ivan, como se não tivesse ouvido seu irmão — as atrocidades dos turcos e dos cherqueses em seu país: temendo um levante geral dos eslavos... Compara-se por vezes a crueldade do homem com a dos animais selvagens; é uma injustiça para com estes. As feras não atingem jamais os refinamentos do homem... São os turcos os que torturam crianças com um prazer sádico, arrancam os bebês do ventre materno, lançam-nos no ar para recebê-los nas pontas das baionetas, sob os olhos das mães, cuja presença constitui o principal prazer. Eis outra cena que me impressionou. Pensa nisto: um bebê ainda de peito, nos braços de sua mãe trêmula, e em torno deles os turcos. Ocorre-lhes uma ideia divertida: acariciando o bebê, conseguem fazê-lo rir; depois um deles aponta-lhe um revólver bem junto ao rosto. A criança ri alegremente, estende suas mãozinhas para agarrar o brinquedo; de repente, o artista puxa o gatilho e rebenta-lhe a cabeça. Os turcos gostam muito, segundo dizem, de coisas doces...
> Mas ainda tenho histórias melhores a respeito de crianças. Colecionei uma porção de coisas a respeito de crianças russas, Aliocha. Trata-se de uma menina de cinco anos, por quem criaram aversão seu pai e sua mãe, honrados funcionários instruídos e bem educados. [...] aqueles pais instruídos praticavam muitas sevícias na pobre menininha. Açoitavam-na, espezinhavam-na sem razão, seu corpo vivia coberto de equimoses. Imaginaram por fim um refinamento de crueldade: pelas noites glaciais, no inverno, encerravam a menina na privada, sob pretexto de que ela não pedia a tempo, à noite, para ir ali (como se, naquela idade, uma criança que dorme profundamente pudesse sempre pedir a tempo). Esfregavam-lhe os próprios excrementos na cara, e sua mãe, sua própria mãe obrigava-a a comê-los! E essa mãe dormia tranquila, insensível aos gritos da pobre criança fechada naquele lugar repugnante! Vês tu daqui aquele pequeno ser, não compreendendo o que lhe acontece, no frio e na escuridão, bater com seus pequeninos punhos no peito ofegante e derramar lágrimas inocentes, chamando o bom Deus em seu socorro? [...] Compreendes esse absurdo, tem ele um fim, meu amigo e meu irmão, tu, o noviço piedoso?

Dizem que tudo isso é indispensável para estabelecer a distinção entre o bem e o mal no espírito do homem. Para que pagar tão caro essa distinção diabólica? Toda a ciência do mundo não vale uma lágrima de criança, daquela pequenina vítima que batia no peito e orava ao bom Deus![2]

Tal mal moral é realmente mau o suficiente. Contudo, o que talvez seja mais difícil é conciliar o sofrimento no mundo, causado por fenômenos naturais, com a existência de um Deus todo-poderoso e amoroso. Uma pessoa reflete sobre desastres naturais, como enchentes, terremotos, furacões; reflete sobre diferentes espécies de enfermidades, como catapora, pólio, câncer ou leucemia, incapacidades congênitas como a distrofia muscular, paralisia cerebral ou encefalite; ou de acidentes e ferimentos, como queimadura, afogamento ou quedas. Algumas vezes, esses males naturais estão entrelaçados com males humanos: por exemplo, há países em que milhões enfrentam extrema fome, não porque não haja suprimentos de ajuda à fome para satisfazer aos necessitados, mas porque o governo não permite que esses suprimentos alcancem as pessoas, mas usa a comida como uma arma política para esmagar a resistência rebelde.

Em 1985, o horror de males naturais foi apresentado de um modo estarrecedor por meio de dois incidentes mostrados na televisão. Na Cidade do México, um terrível terremoto tinha devastado blocos de altos edifícios de apartamentos. Equipes de resgate, que trabalhavam nos escombros procurando por sobreviventes, se depararam com um menino de dez anos que foi encontrado vivo em algum lugar nos recessos de um edifício que havia caído. Durante diversos dias que se seguiram, o mundo todo observava com agonia as equipes que tentavam remover os entulhos para pegar o menino. Eles podiam se comunicar com ele, mas não podiam alcançá-lo. Seu avô, que tinha sido soterrado com ele, já estava morto. "Eu estou com medo!", ele gritava. Após cerca de onze dias, houve silêncio. Sozinho nas trevas,

---

[2] Fiódor Dostoiévski. *The Brothers Karamazov*. Nova York, New American Library, 1957, p. 219-223 [Publicado no Brasil por Editora 34 sob o título *Os irmãos Karamázov*].

sob os escombros sem comida, com medo, o menino morreu antes que as equipes de resgate pudessem libertá-lo.

Naquele mesmo ano, um deslizamento de lama varreu uma vila na Colômbia. No momento em que as equipes de resgate estavam ali para ajudar, elas se depararam com uma pequena garota que estava presa até o queixo numa água lamacenta. Por alguma razão ou outra, eles não puderam libertá-la ou removê-la. Tudo o que eles puderam foi assistir a morte dela, impossibilitados de fazer qualquer coisa. Toda noite, nos noticiários, víamos filmes do definhamento daquela garota. Foi a visão mais terrível que tinha visto em toda minha vida. Ela permanecia ali, incapaz de se mover, cuspindo a água que continuamente fluía para sua boca. À medida que os dias se passavam, ela se tornava mais exausta, sem vitalidade, e com manchas negras que se formavam debaixo de seus olhos. Ela estava agonizando diante de nossos olhos, enquanto observávamos tudo pela televisão. Finalmente, o noticiário da manhã registrou que ela havia morrido.

Esses dois incidentes despedaçaram meu coração. *Ó Deus!* Pensei. *Como podes permitir aquelas crianças morrerem daquela forma? Se elas tinham de morrer, que morressem! Mas pelo menos poderias ter deixado o menino ser morto instantaneamente pela queda do edifício ou poderias ter deixado a garota se afogar de uma vez. Por que essas mortes sem sentido, torturantes e agonizantes?* Sendo bastante franco com você, quando vejo esse tipo de coisas acontecendo, sinto o como é difícil acreditar em Deus nessas horas.

Quando era um cristão bem jovem, pensava que tais coisas não acontecessem a cristãos que estivessem andando na vontade de Deus. Não diz Romanos 8.28: "Sabemos que Deus faz com que todas as coisas concorram para o bem daqueles que o amam, dos que são chamados segundo o seu propósito"? Os cristãos que experimentavam sofrimentos inúteis e gratuitos deviam estar desviados da vontade de Deus. Mas tal perspectiva é ingênua e obviamente incorreta, porque os justos e inocentes *realmente* sofrem. Lembro-me de um líder cristão proeminente em minha cidade natal que foi decapitado num acidente com trenó, ao bater numa cerca de arame farpado que ele não havia visto; ou me recordo de um pastor que saiu da sua garagem e jogou o carro contra seu filho pequeno, que estava brincando atrás do carro; ou me lembro de missionários canadenses que foram forçados a retornar do campo, quando a pequena filha deles caiu da janela do terceiro andar do prédio numa calçada de concreto e sofreu severos danos cerebrais. Claramente, os cristãos não estão livres dos males do mundo que aparentemente não têm sentido.

À luz da quantidade e da natureza do sofrimento produzido pelas causas naturais e humanas, como se pode crer que o Deus todo-poderoso e todo-bondoso existe? Essa é uma pergunta que deve angustiar muitas pessoas. Há vários anos, o rabino Harold S. Kushner foi capaz de escrever seu best-seller, intitulado *When Bad Things Happen to Good People* [Quando coisas ruins acontecem às pessoas boas].[3] Infelizmente, ele não conseguiu resolver o problema, pois apenas conseguiu responder à questão negando que Deus seja todo-poderoso. Se nós nos apegamos ao conceito bíblico de Deus, como podemos responder sobre a existência do mal num mundo que foi feito e é sustentado pelo Deus todo-poderoso e todo-bondoso?

Deixe-me começar fazendo uma série de distinções que nos ajudam a manter o nosso pensamento na posição correta. Em primeiro lugar, nós devemos distinguir entre o problema intelectual do mal e o problema emocional dele. O problema *intelectual* do mal diz respeito a como dar uma explicação racional de Deus e do mal. O problema *emocional* do mal diz respeito a como confortar ou consolar aqueles que estão sofrendo e como dissolver o desprazer emocional que as pessoas têm de um Deus que permite o mal. O problema intelectual está na alçada do filósofo; o problema emocional está na alçada do conselheiro. É importante entender essa distinção, porque a solução para o problema intelectual tem a propensão de parecer árida, insensível e

---

[3] Harold Kushner. *When Bad Things Happen to Good People*. Boston, G.K. Hall, 1981. [Publicado no Brasil por Nobel Editora sob o título *Quando coisas ruins acontecem às pessoas boas*].

desconfortante para alguém que tem passado pelo sofrimento, enquanto que a solução para o problema emocional tem a propensão de parecer deficiente, como uma explicação do mal feita por alguém que o contempla abstratamente.

Mantendo essa distinção em mente, voltemo-nos primeiramente para o problema intelectual do mal.

Aqui, novamente, precisamos fazer uma distinção. Há dois modos de formular o problema intelectual do mal, seja como um problema *interno* ou como um problema *externo*. Isso quer dizer que o problema pode ser apresentado como fruto de certas crenças às quais os cristãos estão comprometidos em virtude de serem cristãos. Nesse sentido, a cosmovisão cristã, de alguma forma, estaria em desacordo com si mesma. Por outro lado, o problema pode ser apresentado em termos de verdades com as quais os cristãos não estão comprometidos como cristãos. No entanto, temos boa razão para crer nelas. A primeira abordagem tenta expor uma tensão interior dentro da própria cosmovisão cristã; a segunda abordagem tenta apresentar evidências contra a verdade da cosmovisão cristã.

Agora, o problema interno do mal assume duas formas: a versão *lógica* e a versão *probabilística*. Na versão lógica do problema, o alvo do ateu é mostrar que é logicamente impossível para ambos, Deus e o mal, existirem, exatamente como é logicamente inconsistente dizer que uma força irresistível e um objeto inamovível existam. Os dois são logicamente incompatíveis. Se um existe, o outro não existe. A fé cristã está comprometida com a realidade do mal, exatamente como está com a realidade de um Deus onipotente e onibenevolente. Mas isso é inconsistente. Uma vez que sabemos que o mal existe, o argumento continua, segue-se logicamente que Deus não deve existir.

Na versão probabilística do problema, a admissão é feita no sentido de que é possível que Deus e o mal coexistam, mas insiste-se que tal coexistência de Deus e o mal seja altamente improvável. Assim, o teísta cristão fica preso entre duas crenças que tendem a minar uma a outra. Admitindo-se que o mal no mundo seja real, é altamente improvável que Deus exista.

Podemos exibir graficamente essas distinções da seguinte maneira:

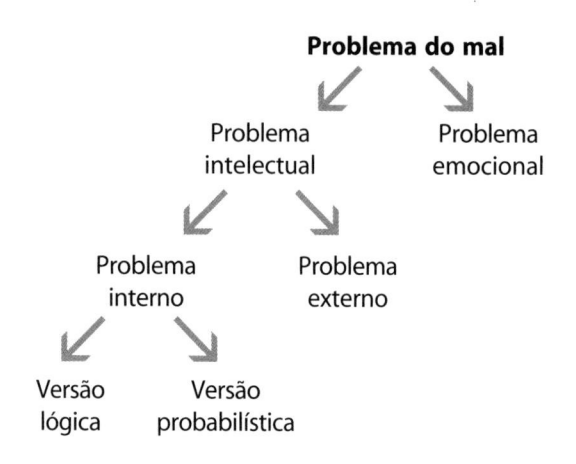

```
                    Problema do mal
                   ↙           ↘
           Problema           Problema
           intelectual        emocional
          ↙         ↘
    Problema        Problema
    interno         externo
   ↙      ↘
Versão    Versão
lógica    probabilística
```

Examinemos cada uma dessas versões do argumento em termos gerais. Consideraremos primeiro *o problema interno do mal*. Como já observamos, essa versão do problema sustenta que as duas afirmações — "Um Deus todo-poderoso e todo-bondoso existe" e "o mal existe" — são logicamente inconsistentes. Ambas não podem ser verdadeiras.

À primeira vista, essas afirmações não são inconsistentes. Não há uma contradição explícita entre elas. Mas, se um ateu quer dizer que há alguma contradição implícita entre elas, ele deve presumir algumas premissas implícitas que serviriam para apresentar a contradição e torná-la explícita. No entanto, quais são essas premissas?

Parece haver duas: (1) se Deus é todo-poderoso, então ele pode criar qualquer mundo que ele escolhe; (2) se Deus é todo-bondoso, então ele preferiria um mundo sem o mal e não um mundo com o mal. O ateu raciocina que, visto que Deus é todo-poderoso, ele poderia criar um mundo contendo criaturas livres que sempre escolheriam livremente fazer o que é correto. Tal mundo seria um mundo sem pecado, livre de todos os males morais e humanos. Justamente por isso, sendo todo-poderoso, Deus poderia também criar um mundo no qual nenhum mal natural jamais viesse a ocorrer. Seria um mundo livre de mal, dor e sofrimento.

Agora observe que o ateu não diz que os homens seriam meras marionetes espalhadas pelo mundo. Não, ele diz que é possível existir um mundo em que cada um *livremente* tome uma decisão correta. Tal mundo deve ser possível do ponto de vista cristão, porque, se ele não fosse possível, estaríamos dizendo que o pecado é necessário, o que não seria bíblico. Assim, em qualquer situação em que uma decisão moral seja tomada, é sempre teoricamente possível decidir que a coisa correta seja feita. Dessa forma, podemos imaginar um mundo no qual cada um escolhe livremente, em cada situação, fazer a coisa correta, e, uma vez que Deus é todo-poderoso, então ele deve ser capaz de criá-lo.

Todavia, visto que Deus é também todo-bondoso — continua o oponente — naturalmente ele prefere tal mundo a qualquer mundo infectado pelo mal. Se Deus pudesse escolher entre criar um mundo sem defeito e um mundo em que houvesse a presença do mal, igual a este, ele certamente escolheria o mundo sem defeito. Afinal, de modo contrário, ele próprio seria mal uma vez que preferiu que suas criaturas experimentassem dor e sofrimento quando lhes poderia ter dado alegria e prosperidade.

O cético escocês do século XVIII, David Hume, sumarizou o problema lógico do mal, quando sutilmente perguntou a respeito de Deus: "Se ele quer evitar o mal, mas não é capaz de fazê-lo, então ele é impotente. Se ele é capaz, mas não quer evitá-lo, então ele é malévolo. Ora, se ele quer evitar o mal e é capaz de evitá-lo, então como se explica o mal?"[4]

Contudo, a falácia existente nessa linha de argumentação é que as duas suposições feitas pelos opositores ateus não são necessariamente verdadeiras. Em primeiro lugar, não é necessariamente verdadeiro que um Deus todo-poderoso possa criar exatamente qualquer mundo possível. O fato de Deus ser todo-poderoso não significa que ele possa

---

[4] David Hume. *Dialogues Concerning Natural Religion*. Indianapolis, Bobbs-Merrill, 1980, parte 10, p. 198.

fazer impossibilidades lógicas, tais como fazer um quadrado redondo, ou fazer alguém escolher livremente tomar uma atitude. Se você faz com que uma pessoa faça uma escolha específica, então a escolha não é mais livre. Assim, se Deus concede às pessoas uma liberdade genuína para escolher o que gostam, então é impossível para ele determinar quais serão as escolhas delas. Tudo o que ele pode fazer é criar as circunstâncias nas quais uma pessoa seja capaz de fazer uma escolha livre e, então, deixar que a escolha seja feita. Ora, o que isso significa é que pode haver mundos que são possíveis em si mesmos e de si mesmos, mas que Deus é incapaz de criá-los. Suponha, por exemplo, que, em cada mundo onde Deus criasse criaturas livres, essas criaturas livremente escolhessem fazer o mal. Em tal caso, são as criaturas em si mesmas que produzem o mal, e Deus não pode fazer nada para evitar que elas o façam, a menos que ele remova a livre vontade delas. Assim, é possível dizer que cada mundo que Deus criasse, contendo criaturas livres, seria um mundo com o pecado e com o mal.

Além disso, com respeito aos males naturais, estes poderiam ser o resultado da atividade demoníaca no mundo. Os demônios têm liberdade exatamente como os seres humanos, e é possível que Deus não pudesse evitar o mal natural sem remover a vontade livre das criaturas demoníacas. Ora, você pode pensar que tal resolução para o problema do mal natural seja ridícula e até frívola, mas, desse modo, você estaria confundindo o problema *lógico* do mal com o problema *probabilístico* do mal. De fato, atribuir todo mal a seres demoníacos não é plausível, mas isso é estritamente irrelevante aqui. Tudo o que nós estamos tentando mostrar agora é que tal explicação é possível e que, por consequência, o argumento do ateu, de que Deus e o mal são logicamente incompatíveis, é falho.

Assim, a primeira suposição feita pelo oponente ateu — a saber, que um Deus todo-poderoso pode criar qualquer mundo que ele escolha criar — não é necessariamente verdadeira. Portanto, o argumento do oponente, baseado unicamente nessa suposição, é inválido.

Mas o que dizer da segunda suposição, de que, se Deus é todo-bondoso, então ele preferiria um mundo sem o mal a um mundo com o mal? Novamente, tal suposição não é necessariamente verdadeira. O fato é que, em muitos casos, permitimos que a dor e o sofrimento ocorram na vida de uma pessoa com a finalidade de produzir algum bem maior ou por termos razão suficiente para permiti-los. Todo pai sabe desse fato. Agora, chega um ponto em que um pai não pode mais proteger seu filho de apertos, machucados ou infortúnios. Há também vezes em que a disciplina deve ser impingida sobre uma criança a fim de ensiná-la a se tornar uma pessoa adulta madura e responsável. De modo semelhante, Deus pode permitir o sofrimento em nossas vidas para nos edificar e nos testar, ou para edificar ou testar outras pessoas, ou para realizar alguma outra finalidade justificável.

Algumas vezes, esse processo pode ser muito dolorido, como C. S. Lewis percebeu na morte de sua esposa. Comparando Deus a um cirurgião cósmico, em vez de compará-lo a um sádico cósmico. Em suas palavras:

> A coisa terrível é que um Deus perfeitamente bom seja... dificilmente menos formidável do que um Sádico Cósmico. Quanto mais cremos que Deus fere somente para curar, menos nós cremos que haja qualquer utilidade em mendigar ternura. Um homem cruel poderia ser subornado — poderia ficar cansado de seu vil esporte — poderia ter um acesso temporário de misericórdia, como os alcoólicos podem ter acessos de sobriedade. Mas suponha que aquilo que está diante de você é um cirurgião cujas intenções são totalmente boas. Quanto mais amável e mais consciente ele é, mais inexorável ele vai cortando. Se ele fizesse concessão a seus rogos, se ele parasse antes que a operação fosse completada, toda dor até aquela altura teria sido inútil.
>
> O que as pessoas querem dizer quando dizem, "Eu não tenho medo de Deus porque sei que ele é bom"? Eles nunca foram sequer a um dentista?[5]

Assim, ainda que Deus seja todo-bondoso, ele bem que poderia ter razões suficientes para permitir a dor e o sofrimento no mundo.

---

[5] C. S. Lewis. *A Grief Observed*. Londres, Faber & Faber, 1985, p. 55,56. [Publicado no Brasil por Editora Vida sob o título *A anatomia de uma dor*].

Por consequência, a segunda suposição de nosso oponente ateu — de que um Deus todo-bondoso preferiria um mundo sem qualquer mal a um mundo com o mal — não é necessariamente verdadeira. O ponto final dessa história é que a versão lógica do problema do mal não tem condições de se submeter ao escrutínio. Ninguém tem sido capaz de formular um argumento válido para provar que Deus e o mal sejam inconsistentes.

Contudo, aqueles que propõem o problema lógico do mal podem reagrupar e retornar para uma segunda onda de ataque. Eles podem admitir que não há nenhuma inconsistência entre Deus e o mal em geral, mas ainda argumentam que a existência de Deus é inconsistente com a *quantidade* e com a *qualidade* do mal no mundo. Em outras palavras, embora falando, de forma abstrata, que não há nenhuma inconsistência entre Deus e o mal, há uma inconsistência entre Deus e a quantidade e as espécies de males que realmente existem. Por exemplo, mesmo que a existência de Deus seja compatível com o fato de pessoas inocentes serem, em alguns casos, assassinadas, não é compatível com o fato de que *muitas* pessoas são mortas, e mortas em tortura, através de meios repulsivos. Um Deus todo-bondoso e todo-poderoso não permitiria que tais coisas acontecessem.

Mas a suposição crucial por detrás desse raciocínio é que Deus *não pode ter razões moralmente suficientes para permitir a quantidade e os tipos de males que existem*. O fracasso dessa suposição está na própria falta de clareza de seu argumento para que seja necessariamente considerada verdadeira. Considere, em primeiro lugar, a quantia de males no mundo. Um lugar terrível como este mundo ainda se mantém em equilíbrio, uma vez que há mais bem do que mal nele. Do contrário, todos haveriam de cometer suicídio. Todavia, as pessoas geralmente concordam que, a despeito de seus sofrimentos, vale a pena viver. Quando as coisas vão mal, as pessoas tendem a olhar para o futuro na esperança de que as coisas melhorem.

Ora, tendo em vista a liberdade humana, é possível considerar que, em qualquer outro mundo que Deus pudesse ter criado, o equilíbrio entre o bem e o mal teria sido ainda pior do que neste mundo.

Em outras palavras, qualquer mundo contendo menos *mal* poderia também ter contido menos *bem*. Talvez o mundo que temos no presente tem em si o melhor Deus que poderia ter para a menor parcela de mal. Ora, você poderia dizer que isso parece muito improvável. Todavia, você estaria, desse modo, confundindo novamente o problema *lógico* do mal com o problema *probabilístico* dele. Para refutar a versão lógica do problema do mal, o cristão não tem de sugerir uma solução *plausível* ou *provável* — tudo o que ele tem de fazer é sugerir uma solução *possível*. Tudo que ele precisa fazer é mostrar que Deus e a quantia de mal no mundo são ambos *possíveis* — e isso ele parece ter feito.

Agora considere os *tipos* de males no mundo. O cristão crê que Deus tem razões sobrepujantes para permitir que ocorram as mais terríveis atrocidades no mundo. Por exemplo, pode ser que Deus coloque tal recompensa na liberdade humana, que ele esteja desejando permitir que atrocidades ocorram em vez de remover o livre-arbítrio daqueles que as cometem. (Talvez Deus venha a punir os malfeitores na vida futura e venha confortar aqueles que foram vitimizados, mas isso vai além do ponto nesse estágio do argumento). De modo semelhante, se nós adotamos a hipótese de que os males naturais são o resultado da atividade livre dos demônios, então o mesmo ponto a respeito do livre-arbítrio aqui também se aplica. Ora, ainda objetariam que Deus poderia ter criado um mundo de criaturas livres em que elas cometessem menos atrocidades. No entanto, o mesmo argumento se aplica como anteriormente: embora seja possível que em tal mundo pudesse haver menos *mal*, poderia também ter havido menos *bem*.

O ponto é o seguinte: se o opositor alega mostrar que é logicamente impossível para Deus e o mal existirem no mundo, então ele tem de provar que Deus não pode ter razões moralmente suficientes para permitir a existência dessa quantia de males de diferentes tipos. E ele não nos tem dado qualquer prova para essa suposição.

Nós até podemos ir mais longe que isso. Não somente o oponente tem fracassado em provar que Deus e o mal são inconsistentes, como nós também podemos provar o contrário, que eles são consistentes.

A fim de fazer isso, tudo o que temos de fazer é providenciar alguma explicação possível do mal no mundo que seja compatível com a existência de Deus. E a explicação é a seguinte:

> Deus não poderia ter criado um mundo que tivesse tanto bem como o mundo real, mas que tivesse menos mal, tanto em termos de quantidade como de qualidade; e, além disso, Deus tem razões moralmente suficientes para o mal que existe.

Uma vez que essa explicação seja até possível, ela prova que Deus e o mal no mundo são logicamente compatíveis.

Assim, resumindo a nossa discussão do problema lógico do mal, vimos que não há nenhuma incompatibilidade necessária entre a presença de um Deus todo-bondoso e todo-poderoso e a presença do mal no mundo. Estou extremamente seguro em lhe relatar que, após séculos de discussão, a filosofia contemporânea tem reconhecido esse fato. É agora amplamente admitido que o problema lógico do mal foi resolvido. (Louvado seja o Senhor por filósofos cristãos como Alvin Plantinga, a quem este resultado é devido!).[6]

Mas antes de respirarmos com mais facilidade, temos de nos confrontar com o problema probabilístico do mal. Isso nós faremos no próximo capítulo.

---

[6] Este capítulo é uma popularização da *Free Will Defense* [Defesa do livre-arbítrio] feita por Plantinga na obra *The Nature of Necessity* [A natureza da necessidade] (Oxford: Clarendon, 1974), p. 164-195; ver além disso, Alvin Plantinga, "Sel-Profile", na obra dos editores James Tomberlin e Peter Van Inwagen, *Alvin Plantinga*, Profiles, v. 5 (Dort: Holanda: D. Reidel, 1985), p. 36-55.

5
O SOFRIMENTO E O MAL (II)

As coisas não são tão simples com parecem quando se tem em vista o problema probabilístico do mal. Afinal, mesmo que a explicação acerca do mal, que dei no último capítulo, seja possível, ainda assim ela parece ser turbulentamente improvável. Explicar todos os males naturais como resultado da ação de demônios, por exemplo, parece ridículo. Alguém realmente crê que os terremotos são o resultado de os demônios moverem as placas tectônicas? Ou, quando alguém dá uma topada no dedão, foi o diabo que fez isso? Não poderia Deus reduzir o mal no mundo sem reduzir o bem? Retomando a tragédia na Cidade do México, que prejuízo o bem do mundo teria se a criança tivesse simplesmente morrido num colapso do edifício em vez de ficar lentamente em agonia cerca de onze dias? O mundo está tão cheio de males, aparentemente desnecessários e sem propósito, que parece duvidoso Deus poder ter qualquer espécie de razão moralmente suficiente para permiti-los. Por consequência, seria possível argumentar que, devido ao mal existente no mundo, é improvável, ou mesmo até impossível, que Deus exista.

Ora, esse é um argumento muito mais poderoso do que puramente o problema lógico do mal. Visto que sua conclusão é mais modesta ("É improvável que Deus exista"), ele é muito mais fácil de provar. O que poderemos dizer a respeito desse argumento? É improvável que Deus exista?

Bem, para começar, observemos uma diferença muito importante — e mesmo crucial — entre um argumento probabilístico, como esse, e um argumento puramente lógico, como o que tivemos antes. No caso de um argumento puramente lógico, tudo o que você tem de considerar é o próprio argumento. Se o problema lógico do mal é um argumento sadio, então Deus não pode existir, e ponto final. Não mais perguntas. Mas com o argumento da probabilidade, temos de perguntar: provável com respeito a quê? Para ilustrar, suponhamos que Joe é um estudante de faculdade e que 95% dos estudantes da faculdade bebem cerveja. Em conformidade com essa informação, torna-se altamente provável que Joe bebe cerveja. No entanto, suponhamos que Joe seja um aluno do Wheaton College e que 95% dos alunos de Wheaton não bebem cerveja. Repentinamente, a probabilidade de Joe ser um bebedor de cerveja mudou dramaticamente! A questão é que as probabilidades são relativas à base de informação que é levada em conta.

Agora, aplique esse princípio ao problema probabilístico do mal. O princípio alega provar que a existência de Deus seja improvável. Mas com base em quê? Com base na existência do mal no mundo? Se isso é tudo o que você considera, então dificilmente eu ficaria surpreso que a existência de Deus pareceria improvável com base nisso. De fato, eu deveria considerá-la como sendo uma importante façanha filosófica se os cristãos pudessem demonstrar que, apenas com base na existência do mal no mundo, a existência de Deus não seja improvável. No entanto, o cristão não precisa estar comprometido com uma tarefa tão árdua. Ele insistirá que consideremos não apenas o mal no mundo, mas toda a evidência relevante para a existência de Deus, incluindo o argumento ontológico por considerar a existência do "ser supremo", o argumento cosmológico por reconhecer a presença de um "criador do universo", o argumento teleológico por demonstrar o "projetista inteligente do cosmo", o argumento noológico por refletir sobre a existência de uma "mente superior", o argumento axiológico por propor um "bem supremo e personificado", assim como a evidência a respeito da pessoa de Cristo, a historicidade da ressurreição, a existência de milagres, além da experiência existencial e religiosa.[1] Quando consideramos o objetivo pleno da evidência, a existência de Deus se torna totalmente provável. Por consequência, um cristão poderia realmente admitir que o problema do mal, tomado isoladamente, torna a existência de Deus improvável. Contudo, ele insistirá que, quando o escopo total da evidência é considerado, então o ponteiro da balança, ao menos, pende em favor do cristianismo. Na verdade, se o cristão inclui o testemunho autêntico do Espírito Santo como parte de sua garantia total, ele pode, então, expressar corretamente sua consciência de que Deus existe, mesmo que não consiga apresentar solução alguma para o problema do mal.

De fato, o cristão poderia insistir que, na medida em que se reconhece o problema probabilístico do mal como um problema interno, não há nada objetável ou irracional em crer em afirmações que sejam improváveis na interação entre elas, desde que alguém saiba que ambas são verdadeiras. Por exemplo, no que diz respeito ao nosso conhecimento da biologia reprodutiva humana, sua própria existência pessoal é astronomicamente improvável. Todavia, não há nada irracional em crer que os fatos da biologia reprodutiva humana existem e que você existe. De modo semelhante, se alguém está autorizado a crer que Deus existe, não há nenhum problema no fato de esta crença ser improvável com relação ao mal no mundo.

Assim, ainda que o problema probabilístico do mal seja muito mais fácil de apoiar do que o problema lógico do mal, ele é, mesmo quando bem-sucedido, muito menos decisivo.

Mas ele é, de fato, bem-sucedido? Dada à existência do mal no mundo, é improvável que Deus exista? Tal questão está longe de ser facilmente esclarecida. Tudo depende de quão provável seja o fato de Deus ter razões moralmente suficientes para permitir que o mal ocorra.

Aqui, o que torna a probabilidade tão difícil de avaliar é a nossa tamanha ignorância em relação aos desígnios de Deus. Simplesmente,

---

[1] Para uma discussão de tais argumentos, ver William Lane Craig, Ed. *Philosophy of Religion: a reader and guide* (Edimburgo: Edinburh University Press, 2002; New Brunswick, NJ: Rutgers University Press, 2002).

não estamos na posição de saber por que Deus permite que vários males ocorram. Com certeza, muitos males nos parecem ser gratuitos, sem propósito, mas que segurança podemos ter de que eles realmente são males sem propósito? Talvez eles se encaixem numa perspectiva mais ampla. De acordo com o esquema bíblico, Deus tem conduzido a história humana em direção a fins previstos. Ora, você pode talvez imaginar a complexidade de planejar e dirigir um mundo de criaturas livres em direção a algum fim sem violar a liberdade deles? Pense a respeito das inumeráveis e incalculáveis contingências envolvidas na chegada de um único evento histórico, digamos, a vitória aliada no "Dia D". Pode bem ser que, a fim de se chegar a um fim, Deus deve permitir que ações pecaminosas e males naturais entrem no cenário.

Tome o Holocausto, por exemplo. Poucos eventos tão terríveis na história podem ser imaginados. Provavelmente milhões de pessoas perderam sua fé em Deus em vista dessa tragédia. Mas, se, por suposição, permitir o Holocausto fosse o único modo que Deus tinha para fazer com que as nações do mundo estabelecessem livremente o moderno estado de Israel. Esse evento tão medonho, tão ímpar na história, dirigido a um povo perseguido, fez com que o mundo, com vergonha e simpatia, tomasse o passo notável de restaurar os judeus à sua antiga terra. Quero dizer, enfaticamente, que isso não significa que o Holocausto foi, afinal de contas, bom. Isso seria absurdo! Tal acontecimento foi uma ilustração odiosa da depravação humana, de pecados sucessivos, contrários à perfeita vontade de Deus. No entanto, talvez Deus tivesse uma razão moralmente suficiente para permiti-lo, a saber, o estabelecimento da nação de Israel. Certa feita, um pai da igreja disse a respeito dos primitivos mártires cristãos que o sangue deles era a semente da igreja. Talvez gerações futuras de israelitas dirão com gratidão a mesma coisa daqueles que morreram no Holocausto. E quem sabe que planos futuros Deus tem estocado para a nação de Israel? Talvez Israel venha a ter um lugar e um papel significativo nos eventos do mundo, de modo que todas as nações verão que Deus tinha razão moralmente suficiente para permitir o Holocausto.

O mesmo ponto poderia ser mostrado no nível individual. Apenas não sabemos como os sofrimentos que suportamos podem ser usados por Deus em nossas vidas ou, quando não ocorre conosco, na vida daqueles que nos cercam. Sim, com frequência, eles parecem não ter propósito algum, mas não estamos simplesmente na posição de julgar. Duas ilustrações, uma da ciência e outra da cultura popular: no campo recentemente desenvolvido da Teoria do Caos, os cientistas têm descoberto que certos sistemas macroscópicos, como, por exemplo, o sistema da temperatura (ou do tempo) ou o das populações de insetos, são extraordinariamente sensíveis às minúsculas perturbações. Uma borboleta esvoaçando sobre um ramo na África Ocidental pode pôr em movimento forças que eventualmente desembocariam num furacão sobre o Oceano Atlântico. Todavia, para qualquer observador, é impossível, em princípio, que uma borboleta esvoaçante num ramo possa predizer tal resultado. A segunda ilustração vem do filme *Sliding Doors* [De caso com o acaso]. Nesse filme, a vida de uma jovem mulher é dramaticamente afetada pelo fato de ela ser ou não capaz de tomar o metrô antes de as portas se fecharem. Em acontecimentos paralelos, o filme mostra o que aconteceria na vida da jovem se tivesse pegado ou não o metrô: em uma realidade, sua vida subsequente seria próspera e muito bem-sucedida; na outra realidade, ela seria cheia de sofrimento e desapontamento. Tudo por causa do incidente aparentemente trivial de tomar ou perder o trem do metrô! Mas isso não é tudo! No final do filme, descobrimos, para nossa surpresa, que o curso da vida dela, que é cheio de apuros realmente resulta em uma vida melhor, enquanto a vida aparentemente feliz termina prematuramente em tragédia.

A questão que tenho tentado focar é que as avaliações da probabilidade com respeito ao mal podem ser muito difíceis e até impossíveis. Certamente, muitos males parecem sem propósito e desnecessários para nós — mas nós, simplesmente, não estamos na posição de julgar. O assassinato brutal de um homem inocente ou de uma criança morrendo de leucemia poderia provocar um efeito deslizante ao longo da história, de forma que a razão moralmente suficiente de Deus permitir o fato poderia não emergir até séculos mais tarde ou talvez em outro país. Dizer isso não é apelar ao mistério, mas, antes, apontar para as limitações cognitivas inerentes que frustram as tentativas de dizer que é improvável que Deus tenha uma razão moralmente suficiente ao permitir algum mal específico. Os eventos que parecem desastrosos, a curto prazo, podem redundar em bens maiores, enquanto que alguns benefícios, a curto prazo, podem desencadear uma miséria incalculável. Uma vez que contemplamos a providência de Deus sobre a totalidade da história, torna-se evidente quão impossível é, para observadores limitados, especular sobre a probabilidade de Deus ter as razões moralmente suficientes para os males que vemos. Simplesmente não estamos em uma boa posição de avaliar tais probabilidades com confiança.

Entretanto, muito mais pode ser dito a respeito do problema probabilístico do mal. O ateu sustenta que, se Deus existe, é improvável que o mundo contenha os males que ele contém. Ora, o que o cristão pode fazer em resposta a tal afirmação é oferecer várias hipóteses que tenderiam à promoção da probabilidade do mal dada à existência de Deus. O cristão pode mostrar que, se Deus existe e essas hipóteses são verdadeiras, então não é de se surpreender que o mal exista. Portanto, a existência do mal não torna improvável a existência de Deus.[2]

Quais são algumas dessas hipóteses? Elas são doutrinas que emergem do conceito cristão de Deus. Confirma-se que responder ao problema probabilístico do mal é mais fácil da perspectiva cristã do que da perspectiva da crença na mera existência de Deus. Visto que o problema tem sido apresentado como um problema interno para o cristão, não há nada ilícito na avaliação que o cristão faz de si mesmo e de todos os recursos de sua cosmovisão ao responder à objeção. Mencionarei quatro doutrinas cristãs nesta conexão:

---

[2] Estou em dívida com Robert Marrihew Adams, "Plantinga on the Problem of Evil", na obra de Tomberlin e Peter Van Inwagen, eds., *Alvin Plantinga*, Profiles, v. 5 (Dordrecht, Holanda: D. Reidel, 1985), p. 225-255; e com Marilyn McCord Adams, "Problem of Evil: More Advice to Christian Philosophers", *Faith and Philosophy* 5 (1988), p. 121-143.

1. O propósito principal da vida não é a felicidade, mas o conhecimento de Deus. Uma razão para que o problema do mal pareça tão intratável é que as pessoas tendem, naturalmente, a presumir que, se Deus existe, então o seu propósito para a vida humana é a felicidade nesta vida. O papel de Deus é providenciar um ambiente confortável para seus animaizinhos humanos. Mas, na visão cristã, isso é falso. Não somos animaizinhos de Deus, e o alvo da vida humana não é a felicidade de *per se*, mas o conhecimento de Deus — que no final resultará na realização humana duradoura e verdadeira. Muitos males ocorrem na vida que podem ser totalmente sem propósito em relação à produção da felicidade humana; mas eles podem não ser sem propósito em relação à produção de um conhecimento mais profundo de Deus. Dostoiévski, que afirmou o problema do mal tão vigorosamente, contemplou essa questão e procurou responder ao problema em seus romances através da descrição de personagens que, através do sofrimento, cresceram em piedade e santidade. O sofrimento de seres humanos inocentes proporciona uma ocasião para uma dependência mais profunda de Deus e de mais confiança nele, seja da parte do sofredor ou daqueles ao redor dele. De fato, se o propósito de Deus é alcançado através de nosso sofrimento, isso vai depender de nossa resposta. Respondemos com ira e amargura em relação a Deus, ou nos voltamos para ele em fé pedindo força para suportar?

Por causa do alvo supremo de Deus para a humanidade ser o nosso conhecimento dele — que sozinho pode trazer felicidade eterna —, a história não pode ser vista, em sua verdadeira perspectiva, à parte de considerações pertinentes ao reino de Deus. O teólogo britânico Martin Lloyd-Jones escreveu:

> A chave para a história do mundo é o reino de Deus... Desde o princípio... Deus tem trabalhado no estabelecimento de um novo reino no mundo. É seu próprio reino, e ele tem chamado pessoas do mundo para esse reino: cada coisa que acontece no mundo tem relevância para ele... Outros eventos são de importância à medida que eles têm uma direção para aquele evento. Os problemas de hoje devem ser entendidos somente à sua luz...

Portanto, não tropecemos quando vemos coisas surpreendentes acontecendo no mundo. Antes, perguntemos: "Qual é a relevância desse evento para o reino de Deus?" Ou, se coisas estranhas têm acontecido a você pessoalmente, não murmure, mas diga: "O que Deus está me ensinando através disso?"... Não precisamos nos tornar confusos e duvidar do amor ou da justiça de Deus... Nós deveríamos... julgar cada evento à luz do grande, eterno e glorioso propósito de Deus.[3]

Bem pode ser o caso que males naturais e morais sejam parte dos meios que Deus usa para atrair pessoas a seu reino. Isso foi trazido para minha casa diversos anos atrás quando trabalhava para a *Operation World*, de Patrick Johnstone. É exatamente em países que têm suportado severa dureza que o cristianismo evangélico tem crescido em suas mais altas taxas, enquanto as curvas do crescimento no indulgente Ocidente estão praticamente achatadas. Considere, por exemplo, os seguintes relatórios:[4]

China: É avaliado que 20 milhões de chineses perderam suas vidas durante [a revolução cultural de Mao]... cristãos... ficaram firmes no que foi provavelmente a perseguição mais difundida e severa que a igreja jamais experimentou. A perseguição purificou e tornou a igreja autóctone... O crescimento da igreja na China desde 1977 não tem paralelo na história. Pesquisadores avaliaram [que havia] 30-75 milhões de cristãos [por volta 1990]... Mao Tsé-tung inconscientemente se tornou o maior evangelista na história.

El Salvador: Os doze anos de guerra civil, terremotos, e o colapso do preço do café, a principal exportação do país, empobreceram a nação... Mais de 80 por cento vivem horrenda pobreza... Uma espantosa colheita espiritual tem sido segada de todas as camadas da sociedade em meio ao ódio e à amargura da guerra. Em 1960, os evangélicos eram 2.3 por cento da população, mas hoje são cerca de 20 por cento.

---

[3] Martin Lloyd-Jones. *From Fear to Faith*. Londres, Intervarsity Press, 1953, p. 23,24.

[4] Patrick Johnstone. *Operation World*. Grand Rapids, Mich, Zondervan, 1993, p. 163,164,207,208,214.

Etiópia: A Etiópia está num estado de choque. Sua população luta com o trauma de milhões de mortes através de repressão, fome e guerra... Duas grandes ondas de perseguição violenta... refinaram e purificaram a igreja, mas houve muitos mártires... Milhões têm vindo a Cristo. Os protestantes eram pouco mais de... 0.8 por cento da população... em 1960, mas por volta de 1990 isto pode ter se tornado... 13 por cento da população.

Tais exemplos poderiam ser multiplicados. A história da raça humana tem sido uma história de sofrimento e guerra. Todavia, ela também tem sido de avanço do reino de Deus. Um gráfico lançado em 1990 pelo Centro para Missões Mundiais dos EUA documentou o espantoso crescimento no cristianismo evangélico no decorrer dos séculos. Os pesquisadores, que compilaram os dados, avaliaram que, no ano 100 A.D., para cada evangélico crente no mundo, havia 360 não cristãos. Por volta do ano 1000, havia 220 não cristãos para cada crente evangélico no mundo. Por volta de 1900, essa proporção tinha encolhido para 27 não cristãos por cada crente evangélico. E por volta de 1989, para cada crente evangélico no mundo, havia somente 7 não cristãos.[5]

De acordo com Johnstone, "nós estamos vivendo no tempo da maior colheita de pessoas para o Reino de Deus que o mundo jamais viu".[6] De modo nenhum, é improvável que esse espantoso crescimento no reino de Deus seja devido em parte à presença de males naturais e morais no mundo.

2. A raça humana está no estado de rebelião contra Deus e seu propósito. Em vez de se submeterem a Deus e de adorá-lo, as pessoas se rebelam contra Deus e seguem seus próprios caminhos. Assim, veem-se alienados de Deus, moralmente culpados diante dele, andando às apalpadelas na escuridão espiritual e buscando falsos deuses de sua própria feitura. Os terríveis males humanos no mundo são testemunho

---

[5] Ralph d. Winter, *Mission Frontiers*, Novembro de 1990, p. 18.
[6] Johnstone, *Operation World*, p. 25.

da depravação humana no seu estado de alienação espiritual de Deus. Além do mais, há uma esfera de seres mais altos do que o homem, também em rebelião contra Deus, criaturas demoníacas, incrivelmente más, em cujo poder a criação repousa (1Jo 5.19). Essas criaturas procuram destruir a obra de Deus e frustrar seus propósitos. Assim, o cristão não é pego de surpresa no mal moral no mundo; ao contrário, ele o *espera*. As Escrituras indicam que Deus entregou a raça humana ao pecado, e ela o tem escolhido livremente; Deus não interfere para impedir, mas deixa a depravação humana seguir seu curso (Rm 1.24,26,28). Isso apenas serve para tornar ainda maior a responsabilidade moral da raça humana perante Deus, assim como a nossa impiedade e a nossa necessidade de perdão e de pureza moral.

3. O propósito de Deus não está restrito a esta vida, mas se derrama além da sepultura para a vida eterna. De acordo com o cristianismo, esta vida é apenas o vestíbulo apertado e estreito se abrindo para o grande salão da eternidade de Deus. Deus promete vida eterna para todos aqueles que colocam sua confiança em Cristo como Salvador e Senhor. Quando Deus pede a seus filhos para suportarem o sofrimento horrível nesta vida, é somente com uma perspectiva de alegria e recompensa que estão além de toda compreensão. Além disso, há uma vida eterna seguindo esta, que aguarda aqueles que têm confiado em Deus e obedecido a ele nesta vida.

O apóstolo Paulo, por exemplo, por amor ao evangelho, suportou o sofrimento, algo que se torna inacreditável, quando se reflete sobre ele. Foi uma experiência devastadora, não somente uma tortura física, mas também um enfraquecimento emocional possivelmente permanente. Paulo foi açoitado por um crime que não cometeu — cinco vezes diferentes apenas por pregar o evangelho, cada vez recebendo 26 açoites nas costas e 13 no seu peito com um chicote de três cordas. Não somente isso, mas três vezes mais ele foi açoitado e batido por autoridades romanas com vara de madeira. Numa ocasião, na cidade de Listra, ele foi cercado por uma turba que o apedrejou e o arrastou para fora da cidade, deixando-o como morto. Você pode imaginar o que significa ser apedrejado? A única coisa provável pela qual você poderia orar é para que alguém o nocauteasse rapidamente com uma pedrada na cabeça; mas você provavelmente não seria tão sortudo. Seria um modo horrível de morrer. O corpo de Paulo deve ter ficado cheio de cicatrizes, feridas infligidas sem razão alguma, exceto pelo fato de ele ser um cristão. Não se admire dele ter podido dizer indignadamente a respeito daqueles que negaram o seu apostolado: "Quanto ao restante, que ninguém me importune, pois trago no corpo as marcas do sofrimento de Jesus" (Gl 6.17).

As pessoas que têm sido aprisionadas, mesmo por poucos meses, têm também testificado o que essa experiência perturbadora de vida e o que essa espécie de confinamento podem ser. Contudo, Paulo foi frequentemente aprisionado por sua fé, por longos períodos, em prisões romanas. Pelos padrões modernos, tal circunstância poderia apenas ser descrita como algo indescritível: sem aquecimento, anti-higiênico, com mãos e pés presos em troncos. Ele chamou-se a si mesmo de "prisioneiro por Jesus Cristo".

No topo de tudo isso, Paulo também sofreu com desastres naturais. Por exemplo, ele aparentemente sofreu de doenças debilitantes, que alguns têm especulado que teria sido epilepsia ou alguma espécie de doença nos olhos. Além do mais, ele esteve envolvido em três naufrágios distintos no mar Mediterrâneo. Você pode imaginar o que significaria passar por um naufrágio no mar? Mas três vezes? E em um desses naufrágios, Paulo ficou à deriva no mar por uma noite e um dia antes de ser salvo. Você pode imaginar o terror de ficar à deriva no mar durante a noite, desesperadamente agarrado a alguma peça dos destroços, tendo de lutar contra a exaustão, hora após hora, em constante perigo de afogamento? Além disso, em suas viagens por todo o Império Romano pregando o evangelho, Paulo esteve constantemente em perigo tanto de inimigos humanos como de desastres naturais. Houve perigos ao cruzar rios, e ladrões foram sempre uma ameaça à beira do caminho. Em qualquer tempo, seja nas cidades onde ele pregava, ou na zona rural, ou no mar enquanto ele viajava, ele poderia ser atacado por inimigos que procuravam tirar-lhe a vida.

Se esses inimigos eram judeus, gentios, ou falsos cristãos, cada um deles tinha suas razões particulares para se ver livre de Paulo. Ele trabalhava longas horas, trabalhava duro. Com frequência, chegava ao ponto de ficar sem noite de sono, sem comida e sem proteção adequada diante de sua própria exposição aos elementos. Em termos psicológicos, ele carregou o constante fardo da ansiedade pelas igrejas cristãs que ele havia fundado. Elas pareciam estar em constante perigo de divisão por causa de heresias. No final, em Roma, Paulo fez o sacrifício supremo e foi executado por causa de sua fé.

Em suma, a vida de Paulo como um apóstolo foi uma vida de dureza inacreditável e de sofrimento. Como o próprio Paulo descreve, viveu: "em tribulações, em dificuldades, em angústias, em chicoteamentos, em prisões, em tumultos, em trabalhos, em noites sem dormir, em jejuns" (2Co 6.4-5); os apóstolos foram considerados como infames, foram malcompreendidos, foram caluniados, e não possuíram virtualmente nada material neste mundo. E, ainda assim, Paulo suportou seus sofrimentos sem amargura. Por quê? *Porque valia a pena*. Ele entendeu que esta vida é apenas a antecâmara para a eternidade, e ele anelava ir ao encontro de Cristo. Ele escreveu:

> Por isso não nos desanimamos. Ainda que o nosso exterior esteja se desgastando, o nosso interior está sendo renovado todos os dias. Pois nossa tribulação leve e passageira produz para nós uma glória incomparável, de valor eterno, pois não fixamos o olhar nas coisas visíveis, mas naquelas que não se veem; pois as visíveis são temporárias, ao passo que as que não se veem são eternas (2Co 4.16-18).

Você acredita nisso? Após ter sofrido o que esse homem sofreu, ele chama isso de "sofrimentos leves e passageiros"! Veja, Paulo viveu esta vida na perspectiva da eternidade. Ele entendeu que a duração desta vida, sendo finita, é literalmente infinitesimal em comparação com a vida eterna que haveremos de viver com Deus. Quando mais nós vivermos na eternidade, mais os sofrimentos desta vida serão submergidos num momento infinitesimal. Pode bem ser que haja males no mundo que não sirvam, de forma alguma, para bens terrenos, que sejam inteiramente desnecessários do ponto de vista humano. Todavia, Deus os permite simplesmente para poder recompensar esmagadoramente na vida porvir àqueles que recebem tais males com fé e confiança em Deus.

Uma razão de o problema do mal parecer tão intratável para nós hoje é porque não mais vivemos com essa perspectiva. Emprestando a frase de Paulo, nós olhamos para as coisas que são vistas, não para as coisas que não são vistas. Como o antigo comercial de cerveja dizia: *"You only go around once in life, so grab for all the gusto you can get"* ["Você passa uma só vez pela vida, assim agarre-se àquilo que satisfaz seu prazer"]. Com uma visão tão superficial e egoísta da vida, não é de se espantar que nós não possamos entender como Deus poderia permitir em nós o sofrimento: o sofrimento não contribui para o nosso prazer! Mesmo como cristãos, nós absorvemos essa atitude mundana. As pressões e os afazeres desta vida são tão reais e urgentes que nos esquecemos de levantar os nossos olhos para além dos horizontes de nossa própria vida para a vida eterna que nos espera além.

No entanto, quando nos lembramos de que a vida não termina na sepultura e que no céu Deus "enxugará dos olhos toda lágrima; e não haverá mais morte, nem pranto, nem lamento, nem dor, porque as primeiras coisas já passaram" (Ap 21.4), mas permanecerão somente a plenitude da alegria e glória divinas, então o problema do mal não parece tão severo. Como Tolstoi uma vez disse (em sua pequena história com esse nome), "Deus vê a verdade, mas espera". No final, as recompensas e as punições divinas farão mais do que o suficiente para compensar o que temos sofrido aqui.

4. O conhecimento de Deus é um bem incomensurável. Quando me tornei cristão, fiquei perplexo porque achava que, para obter a vida eterna no céu, Deus nos pediria para experimentar uma vida terrena do mais extremo ascetismo, sofrimento e autonegação; mas Deus, em sua graça, nem mesmo nos pediu para fazer isso; ao contrário, ele enche nossa vida de paz, alegria, amor, significado e propósito. Mas não importa o que ele pudesse pedir para suportar, valeria a pena para ganhar o céu. A passagem de Paulo, citada acima, também serve para mostrar essa questão. O apóstolo imagina algo como uma balança, na qual, de um lado, são colocados todos os sofrimentos e corrupções desta vida, e, do outro lado, é colocada a glória que Deus daria a seus filhos no céu. O peso de glória seria tão grande que estaria literalmente tão além de comparação com os sofrimentos que suportamos. Essa é a razão pela qual Paulo chamou os sofrimentos desta vida de "sofrimentos leves e passageiros": ele não estava sendo insensível aos apuros daqueles que sofrem horrivelmente nesta vida — pelo contrário, ele era um deles —, mas ele viu que aqueles sofrimentos eram simples e completamente dominados pelo oceano de alegria e glória que Deus daria àqueles que confiassem nele. Afinal, conhecer a Deus, o lócus da bondade e amor infinitos, é um bem incomparável, a realização da existência humana. Os sofrimentos desta vida não podem ser comparados com essas coisas. Assim, a pessoa que conhece a Deus, não importa o seu sofrimento, não importa quão terrível é a sua dor, pode ainda verdadeiramente dizer, "Deus é bom para mim!", simplesmente em virtude do fato de que ela conhece a Deus, um bem incomensurável.

Essas quatro doutrinas cristãs aumentam a probabilidade da coexistência de Deus com os males no mundo. Por isso, elas servem para diminuir qualquer improbabilidade que esses males parecem lançar sobre a existência de Deus.

Assim, parece que o problema probabilístico do mal está longe de ser solucionado. Mesmo que a existência de Deus seja uma improbabilidade relativa ao mal sozinho no mundo, isso não torna a existência de Deus improvável, pois equilibrar a evidência negativa a partir do mal é a evidência positiva para a existência de Deus. Além disso, é extremamente difícil estabelecer, a partir do mal no mundo, que a existência de Deus seja improvável, porque Deus poderia ter razões moralmente suficientes para permitir tal mal. Não nos encontramos numa boa posição de julgar, com qualquer certeza, que isso seja improvável. Finalmente, podemos fazer com que a coexistência de Deus com o mal seja mais provável por adotar certas hipóteses inerentes à cosmovisão cristã, como, por exemplo: o propósito da vida ser o conhecimento de Deus; a raça humana estar num estado de rebelião contra Deus e seu propósito; o propósito de Deus estender-se além da sepultura, para a vida eterna; e o conhecimento de Deus ser um bem incomensurável. Avaliadas juntas, essas considerações não tornam improvável o fato de que Deus e o mal no mundo possam coexistir. Assim, a versão probabilística do problema interno do mal parece não mais decisiva do que a versão lógica.

Contudo, se o problema do mal fracassa como um problema interno para o cristianismo, ele apresenta um *problema externo* insuperável? As versões do problema já foram discutidas até agora. Tentei mostrar que as duas crenças sustentadas pelos cristãos, a saber, que Deus existe e que o mundo contém os males que observamos, são inconsistentes ou improváveis na intersecção entre elas. A maior parte dos ateus tem agora abandonado o problema interno em seus ataques ao cristianismo. Em vez disso, eles alegam que os males aparentemente sem propósito e desnecessários no mundo — usualmente referidos como males *gratuitos* — constituem *evidência* contra a existência de Deus. Em outras palavras, eles argumentam que as duas afirmações — "um Deus todo-poderoso e todo-bondoso existe" e "o mal desnecessário existe" — são incompatíveis uma com a outra. O que torna isso um problema interno é que o cristão não está empenhado a admitir a verdade da afirmação de que o "mal desnecessário existe". O cristão está comprometido com a verdade de que "o mal existe", mas não que "o mal desnecessário existe". O opositor ateu está, portanto, argumentando que a presença do mal desnecessário no mundo desmente a existência de Deus.

A questão-chave aqui será se nós temos boa evidência para pensar que o mal desnecessário existe. O cristão prontamente admitirá que muita coisa do mal que observamos no mundo parece ser sem propósito e desnecessária e, portanto, gratuita. No entanto, ele desafiará a inferência do oponente a partir da aparência do mal desnecessário para a realidade do mal desnecessário. Aqui muito do que já disse a respeito do problema probabilístico interno do mal será relevante.

Por exemplo, o oponente deve presumir que, se nós não podemos discernir a razão moralmente suficiente de Deus para permitir que certos males ocorram, então é provável que não haja tal razão. Todavia, já vimos quão incertos e tênues são tais julgamentos de probabilidade de nossa parte. O nosso fracasso em discernir a razão moralmente justificante para a ocorrência de vários males dá uma base muito pequena para o pensamento de que Deus — especialmente por ser um Deus todo-conhecedor que vê o fim da história a partir do começo e providencialmente ordena o mundo — não pode ter razões moralmente suficientes para permitir os males que observamos no mundo. Além disso, a minha questão a respeito da necessidade de considerar o escopo pleno da evidência é também relevante. Quando nós perguntamos se o mal que observamos no mundo realmente é desnecessário, a questão mais importante que nós devemos considerar é, ironicamente, se Deus existe. Afinal, se as afirmações "um Deus todo-poderoso e todo-bondoso existe" e "o mal desnecessário existe" são incompatíveis, como o ateu alega, conclui-se logicamente que, se Deus existe, então o mal desnecessário não existe, ou, em outras palavras, que o mal no mundo somente *parece* ser desnecessário, mas, de fato, ele não o é. Como Daniel Howard-Snyder assinala, o problema do mal é, assim, um problema somente para a pessoa que julga todas suas premissas e inferências que constrangem e que têm bases ruins para crer em Deus; mas se alguém tem bases mais constrangedoras para crer em Deus, então o problema do mal "não é um problema".[7]

Deveria ser observado que a alegação do ateu de que as afirmações "um Deus todo-poderoso, todo-bondoso existe" e "o mal desnecessário existe" são incompatíveis não é obviamente verdadeira. Alguns filósofos cristãos têm sugerido que, enquanto Deus poderia eliminar este ou aquele mal específico sem diminuir a bondade do mundo, não obstante deveria existir certa quantidade de mal desnecessário no

---

[7] Daniel Howard-Snyder, "Introduction", na obra de Daniel Howard-Snyder, ed., *The Evidential Argument from Evil*. Bloomington, Indiana University Press, 1996, p. xi.

mundo a fim de que a bondade do mundo não fique comprometida. Assim, a existência do mal desnecessário não desmentiria a existência de Deus. Na verdade, é possível que, somente num mundo em que os males naturais e desnecessários existam, um número muito favorável de pessoas livremente viria a aceitar a oferta da salvação e encontraria o conhecimento de Deus. O ateu poderia protestar que, nesse caso, os males não seriam realmente desnecessários: eles serviriam para um bem maior, o de assegurar a salvação eterna de pessoas. Assim, o cristão deve negar que o mal desnecessário existe, a despeito da evidência contrária. Mas, se alguém permite um bem maior, como a salvação, para ser incluído contra o evidente despropósito de algum mal, então isso torna tudo mais difícil para o ateu para provar que verdadeiramente o mal desnecessário existe, por que como poderia ele talvez supor o que no plano providencial de Deus para a história contribui ou não para a salvação definitiva de um maior número de pessoas?

Assim, nós nunca podemos saber por que Deus permite qualquer mal específico em nossas vidas. Mas, por que deveríamos saber? Lembre-se do Erro de Sinaleira de York? Visto que não estamos na torre de controle, não deveríamos esperar ser capazes de saber por que cada mal é permitido por Deus ou como ele se encaixa no seu plano. Entretanto, mais do que isso: se a história cristã é verdadeira, nós também não precisamos saber. Somos simplesmente chamados para confiar em Deus e em sua bondade, não importam quais sejam as circunstâncias. Não se trata de uma fé cega, porque há boas razões para crer na existência de Deus, e nós também temos o testemunho do Espírito Santo. Não somos chamados para descobrir por que Deus nos tem permitido sofrer algum mal; somos chamados para confiar nele.

Creio que essa é a verdadeira mensagem do livro de Jó. Por muitos anos, nunca gostei realmente do livro de Jó, justamente por ele nunca explicar por que Deus permite o mal no mundo. A resposta de Deus a Jó do meio do vendaval não explica nada. Todavia, creio que descobri a sabedoria do livro de Jó. Deus está dizendo, "Você não precisa saber por que permito o sofrimento terrível e o mal no mundo.

Isso é problema meu. O que você precisa aprender é confiar em mim a despeito de tudo". É isso o que Jó fez. "Ele poderá matar-me; mas não tenho outra saída!" (Jó 13.15a). E Deus o recompensou muitas vezes mais. É bem possível que haja males no mundo que não sirvam para nada na terra, que são inteiramente desnecessários do ponto de vista humano, contudo Deus os permite simplesmente para recompensar, na vida após a morte, aqueles que sofrem tais males crendo e confiando nele. Para reiterar um ponto analisado anteriormente, é bem possível que Deus não esteja muito preocupado com *o que* você passa, mas com a sua *atitude* enquanto você passa.

Assim, parece-me que, do ponto de vista cristão, a existência do mal moral no mundo se torna inteligível. O propósito da vida humana não é a felicidade como tal, mas o conhecimento de Deus. A fim de trazer pessoas à salvação ou para um relacionamento mais profundo com ele, Deus pode permitir grande sofrimento em nossa vida. Pode não haver propósito para esse sofrimento em termos terrenos, mas pode ser uma intimação para confiar em Deus com a perspectiva de uma recompensa no céu, que é literalmente incomparável ao sofrimento, tanto em sua grandeza como em sua duração.

Mas o que dizer do mal natural? Novamente, os elementos na história cristã podem ajudar a tornar isso mais inteligível. Para começar, é importante, primeiro, ver como o mal natural está emaranhadamente entrelaçado com o mal humano, moral. Imagine que não houvesse mal moral no mundo, que todo mundo vivesse de acordo com os ensinos de Jesus — que mundo maravilhoso seria! Se houvesse uma estiagem na Etiópia, o mundo se movimentaria para ajudar o povo dali para evitar a fome. A riqueza do mundo seria basicamente redistribuída, em vez de ser acumulada nas nações materialistas ocidentais. Como resultado, as doenças diminuiriam grandemente, os cuidados médicos estariam mais prontamente disponíveis, e as pessoas viveriam em lares decentes, em vez de viverem em casas, choças ou moradias coletivas em áreas carentes, que são demolidas nas catástrofes naturais. Pense na misericórdia e no amor que seriam mostrados para aqueles que sofrem! Naturalmente, os terríveis males naturais permaneceriam, e os acidentes ainda ocorreriam, mas, se não houvesse o mal moral, muitos males naturais desapareceriam ou seriam grandemente reduzidos.

Segundo, um mundo contendo males naturais desnecessários pode ser necessário para as pessoas se voltarem ao conhecimento de Deus. O esmagamento causado por Deus é para as pessoas chegarem ao conhecimento dele de um modo livre e sem coerção. Talvez seja exatamente um fato que somente num mundo contendo sofrimentos naturais sem propósito as pessoas se voltariam para Deus. Quem sabe? É bem possível que Deus tenha criado um mundo contendo males naturais que não contribuem para qualquer bem maior nesta vida, mas que serve como o contexto em que ele sabia que pessoas livremente creriam e confiariam nele.

Finalmente, Deus pode ter simplesmente criado um mundo operando fisicamente, de acordo com certas leis naturais, e, então, em sua maioria, retrocedeu e deixou a natureza seguir o seu curso. Ele pode intervir algumas vezes para fazer um milagre, mas isso é uma exceção em vez de ser uma regra. Não é errado da parte dele permitir males naturais, porque na vida após a morte ele recompensa com bem incomensurável aqueles que suportam em fé as aflições naturais. O fato de ele não poder intervir fisicamente na maioria dos casos para evitar sofrimento não significa que ele não esteja envolvido, porque, através do seu Espírito, ele sempre está ali para fortalecer e confortar os que sofrem.

Mas, deixe-me ser específico e ver como esse raciocínio se aplicaria aos dois incidentes que me foram tão graficamente descritos sobre o problema do mal: o menino mexicano que morreu lentamente por causa do colapso de um edifício e da menina colombiana que se afogou nas consequências de um deslizamento de lama. Em primeiro lugar, ambos incidentes diziam respeito a males naturais entrelaçados com o pecado moral humano. A totalidade da América Latina tem sido vitimada por uma classe privilegiada que é injusta e que não se importa com o sofrimento alheio, que, em seu desejo de poder e riqueza, tem explorado as massas, deixando-as pobres e desprivilegiadas. O sofrimento daquelas duas crianças é indiretamente atribuído a esse sistema corrupto e não cristão. Se, nas sociedades em que essas crianças viviam, fossem vividos os princípios cristãos, suas famílias não teriam sido forçadas a viver em habitações inseguras que são tão indevidamente localizadas ou tão pobremente construídas que se desintegram em virtude do terremoto ou da chuva. Num mundo livre de pecado, é possível que nem tragédias tivessem acontecido. Por consequência, o homem deve assumir algumas das responsabilidades por esses males.

Por que Deus permitiu que essas crianças sofressem assim? Não sei. Talvez, através da morte trágica desse menino, Deus sabia que as autoridades mexicanas ficariam chocadas e tomariam a providência de exigir novas construções com edifícios à prova de terremotos. No futuro, isso salvaria muitas vidas. Talvez ele tenha deixado acontecer porque as autoridades deveriam ficar chocadas. Talvez ele tenha permitido o sofrimento para que alguma outra pessoa, enfrentando a morte ou a doença num hospital, e vendo as reportagens na televisão, se inspirasse pela coragem do menino ao enfrentar seu próprio desafio com fé e bravura. Pode ser que Deus tenha permitido que a garota colombiana se afogasse lentamente porque ele sabia que somente, com esse acontecimento, a família dela — ou outra pessoa qualquer — se voltaria para ele em fé e arrependimento. Ou talvez ele soubesse que somente através desse terrível incidente a família dela se mudasse para um lugar onde eles, ou mesmo seus descendentes, pudessem vir a ser influenciados ou a influenciar alguém mais a vir a Cristo. Simplesmente não sabemos.

No entanto, pode ser que não houvesse nenhuma razão terrena pela qual Deus tenha permitido essas catástrofes. Talvez as catástrofes tenham sido simplesmente um infeliz subproduto das leis naturais geológicas e meteorológicas, e as crianças fossem suas vítimas infelizes. Mas Deus permitiu esse sofrimento nas vidas dessas crianças a fim de que elas e suas famílias pudessem ser levadas para uma dependência maior dele. Nós não sabemos por que Deus permitiu esse sofrimento, mas isto realmente sei: quando aquela pequena garota e o menino finalmente deixaram esta vida e entraram na vida seguinte, Jesus os envolveu em seus braços, enxugou suas lágrimas, e os encheu com a sua felicidade gloriosa, além de toda expressão, dizendo: "Bem está, minhas crianças; entrem no gozo do seu Senhor". Naquela eternidade de bem-aventurança, eles conhecerão um peso de glória além de toda comparação com o que eles sofreram aqui. Portanto, a criança estuprada, descrita por Ivan Karamázov, que batia em seu peito com seu pequeno pulso e que gritava, "querido Deus", fez exatamente a coisa certa, abençoou sua alma, e não perderá sua recompensa, enquanto que Ivan, em sua rebelião contra Deus, achou a vida muito amarga para viver.

Finalmente, há um último ponto que gostaria de destacar, que me parece constituir uma refutação decisiva para o problema do mal, a saber, o argumento de que o mal prova que Deus existe. Sim, creio que há realmente uma prova do mal para a existência de Deus. Esse fato notável tornou-se claro para mim na ocasião em que falava em vários campi universitários na América do Norte sobre "O absurdo da vida sem Deus". Nessa palestra, tentei mostrar que, se Deus não existe, a vida é sem significado fundamental, valor ou propósito. Afinal, à parte de Deus, não há padrão de valor; os valores morais simplesmente se tornam ou expressões de gosto pessoal ou de convenções sociais adotadas e instiladas para o propósito da vida em comum. Minha conclusão foi puramente negativa: nunca tentei mostrar que valores objetivos realmente existem, mas somente que, sem Deus, eles não podem existir.

No entanto, encontrei pessoas repetidamente objetando que nós podemos e realmente reconhecemos que os valores objetivos realmente existem (por exemplo, que o racismo ou o abuso de crianças seja realmente errado e que o amor ao próximo seja realmente bom) e que nós podemos saber que esses valores existem, sabendo ou não que Deus existe. Agora, claramente, a objeção que os alunos levantaram não refutou nada do que eu tinha dito. Na verdade, a Bíblia ensina que o homem natural, que não tem nenhum conhecimento de Deus, conhece instintivamente a lei moral de Deus (Rm 2.14-15).

Contudo, a experiência me ensinou que todos nós temos o senso de que certos atos são realmente certos ou errados e que os valores objetivos realmente existem. Em essência, o que os alunos tinham feito foi acrescentar outra premissa a meu argumento que convertia sua conclusão puramente negativa numa conclusão positiva. Por ora, o argumento é mais ou menos assim:

1. Se Deus não existe, então os valores morais objetivos não existem.
2. O mal existe.
3. Portanto, os valores objetivos morais existem.
4. Portanto, Deus existe.

O ponto 1 foi o ponto que eu estava argumentando e que é acordado por muitos cristãos e ateus igualmente. O ponto 2 é a premissa fornecida pelo problema do mal em si. O ponto 3 é a conclusão suprida pelos estudantes universitários, que viram que os males morais que existem no mundo são objetivamente errados. E o ponto 4 é a conclusão lógica do argumento: visto que os valores morais objetivos não podem existir sem Deus e que os valores objetivos realmente existem (como mostrado pelo mal moral no mundo), conclui-se que Deus existe. Portanto, o mal realmente prova que Deus existe.

Se esse argumento é correto — e acredito que seja —, ele se constitui numa refutação decisiva do problema do mal. Observe que ele faz isso sem tentar dar qualquer explicação para o mal — nós, semelhantemente a Jó, podemos ser totalmente ignorantes disso —, mas ele, não obstante, mostra que a real existência do mal no mundo implica a existência de Deus.

Assim, em suma, creio que vimos que, a despeito das primeiras aparências do problema intelectual do mal — seja em suas formas interna ou externa —, esse problema pode ser satisfatoriamente resolvido.

Todavia, de fato, quando digo "resolvido", quero dizer "filosoficamente resolvido". Todas essas maquinações mentais pode ser de pouco conforto para alguém que tem sofrido intensamente de algum mal imerecido na vida. Por exemplo, em minhas leituras, lembro-me que, quando Joni Eareckson Tada sofreu seu acidente que resultou em paralisia, um grande número de pessoas veio ao quarto do hospital, cada uma oferecendo explicações sobre por que Deus tinha permitido que o acidente acontecesse com ela. Embora eles estivessem bem intencionados, para ela, essas pessoas tomaram a aparência dos confortadores de Jó, e suas explicações racionais (uns poucos deles foram realmente bons, eu creio!) se apresentaram frias e sem real preocupação. Mas isso nos leva ao segundo aspecto do problema que queria discutir: o problema emocional do mal.

Perceba que, para muitas pessoas, o problema do mal não é realmente um problema intelectual: é um problema emocional. Elas têm sofrido interiormente e talvez estejam nutrindo amargura contra um Deus que lhes permitiria sofrer grandemente, e a outros também. Não se importe de haver soluções filosóficas para o problema do mal — elas não se preocupam e simplesmente rejeitam um Deus que permite sofrimentos tais como os que encontramos no mundo. É interessante que, na obra de Dostoiévski, *Os irmãos Karamázov*, esse é o problema do mal que finalmente incomoda. Ivan nunca refuta a solução cristã para o problema do mal. Pelo contrário, ele apenas se recusa a ter qualquer coisa a ver com o Deus cristão. "Ao contrário, eu permaneceria com um sofrimento impune e com minha indignação insatisfeita, *mesmo que eu esteja errado*", ele declara.[8] Seu ateísmo é simplesmente de rejeição.

O que podemos dizer daqueles que estão laborando sob o problema emocional do mal? Em certo sentido, a coisa mais importante pode não ser realmente o que você diz. A coisa mais importante é apenas estar junto como um amigo amoroso e um ouvinte cheio de simpatia. No entanto, algumas pessoas podem precisar de conselho, e nós próprios podemos ter de lidar com esse problema quando nós sofremos. Tem a fé cristã alguma coisa a dizer aqui?

---

[8] Fiódor Dostoiévski, *The Brothers Karamazov*. Garden City, NY, Doubleday, n.d., p. 226 [Publicado no Brasil por Editora 34 sob o título *Os Irmãos Karamázov*].

Certamente que sim! Porque ela nos diz que Deus não é um Criador distante ou um ser impessoal, mas um Pai amoroso que partilha de nossos sofrimentos e sofre conosco. Alvin Plantinga escreveu:

> À medida que o cristão vê coisas, Deus não permanece à toa e frio observando o sofrimento de suas criaturas. Ele penetra em nosso sofrimento e o compartilha. Ele suporta as angústias de ver seu Filho, a segunda pessoa da Trindade, consignado à amargamente cruel e vergonhosa morte de cruz. Alguns teólogos alegam que Deus não pode sofrer. Creio que eles estão errados. A capacidade de sofrimento que Deus tem, creio eu, é proporcional à sua grandeza; ela excede a nossa capacidade de sofrer na mesma medida em que a sua capacidade de sofrimento excede a nossa. Cristo foi preparado para suportar as agonias do próprio inferno; e Deus, o Senhor do universo, estava preparado para suportar o sofrimento consequente da humilhação e morte do seu próprio Filho. Ele estava preparado para aceitar esse sofrimento a fim de vencer o pecado, a morte, e os males que afligem o nosso mundo, e para nos conferir uma vida mais gloriosa do que nós podemos imaginar. Assim, não sabemos por que Deus permite o mal; nós realmente sabemos, contudo, que ele estava preparado para sofrer em nosso lugar, para aceitar o sofrimento do qual não podemos formar nenhuma concepção.[9]

Veja, Jesus suportou um sofrimento além de toda compreensão: ele suportou a punição pelos pecados do mundo inteiro. Nenhum de nós pode compreender esse sofrimento. Embora fosse inocente, ele voluntariamente experimentou a punição por seus pecados e pelos meus. E por quê? Porque ele ama muito você. Como você pode rejeitar aquele que abriu mão de tudo por você?

Quando compreendemos o sacrifício de Cristo e seu amor por nós, isso coloca o problema do mal numa perspectiva inteiramente diferente. Afinal, agora vemos claramente que o verdadeiro problema do mal é o problema de *nosso* mal. Cheios de pecado e moralmente

---

[9] Alvin Plantinga, "Self-Profile, em *Alvin Plantinga*, p. 36.

culpados perante Deus, a questão que enfrentamos não é como Deus pode justificar a si mesmo em relação a nós, mas como nós podemos ser justificados diante dele. Se Cristo suportou um sofrimento incompreensível por nós para trazer-nos ao conhecimento salvador de Deus, então certamente nós podemos suportar o sofrimento que ele nos pede para suportar nesta vida. Pense a respeito do que ele suportou por causa de seu amor por você, e será capaz de confiar nele, com mais facilidade, quando vier a andar no caminho da dor.

Um ex-colega meu costumava, como hábito, fazer visitas a inválidos nos asilos, numa tentativa de levar um pouco de carinho e amor para as vidas deles. Um dia, ele encontrou uma mulher de quem nunca foi capaz de esquecer.

> Sobre esse dia específico, estava andando num corredor que ainda não havia visitado antes, procurando em vão uns poucos que estavam vivos o suficiente para receber uma flor e umas poucas palavras de encorajamento. Este corredor parecia conter alguns dos piores casos, pessoas amarradas em carrinhos de transportar pacientes ou pessoas em cadeiras de rodas e parecendo completamente impotentes.
>
> Quando o fim do corredor se aproximava, vi uma velha senhora amarrada numa cadeira de rodas. Sua face era um horror absoluto. O olhar fixo dela era vazio, e as pupilas brancas de seus olhos me diziam que ela estava cega. O grande aparelho de audição sobre um ouvido me dizia que ela estava quase surda. Um lado de sua face estava carcomido pelo câncer. Havia uma ferida desbotada com corrimento cobrindo uma parte de uma face. Essa ferida tinha empurrado seu nariz para o lado, feito um olho cair e tinha distorcido a mandíbula de modo que o que deveria ter sido o canto de sua boca era a parte mais baixa de sua boca. Como consequência, ela babava constantemente... Também soube mais tarde que essa mulher tinha 89 anos de idade e que ela tinha estado acamada, cega, quase surda e solitária, por 25 anos. Ela se chamava Mabel.
>
> Não sei por que falava com ela — ela parecia a pessoa menos provável a me responder do que a maioria das pessoas que vi naquele corredor. Mas pus uma flor na sua mão e lhe disse: "Aqui está uma flor para você. Feliz

dia das mães". Ela apertou a flor junto à face e tentou cheirá-la, e, então, ela falou. Para minha surpresa, suas palavras, embora um pouco atrapalhadas por causa de sua deformidade, foram obviamente produzidas por uma mente clara. Ela disse: "Obrigada. Você foi muito amável. Mas posso dá-la a outra pessoa? Não posso vê-la, você sabe, sou cega".
Disse: "Com certeza". A empurrei em sua cadeira de volta para o corredor, para um lugar onde pensei que pudesse encontrar alguns pacientes alertas. Encontrei um e parei a cadeira. Mabel segurava a flor e disse: "Toma, isto vem de Jesus".

Foi aí que comecei a cair em mim de que ela não era um ser humano comum... Mabel e eu nos tornamos amigos nas poucas semanas seguintes, e fui vê-la uma vez ou duas por semana nos três anos seguintes... Poucas semanas antes de me conscientizar de que estava sendo útil para lhe proporcionar um sentimento de encanto, eu ia a seu encontro com uma caneta e um papel para registrar as coisas que ela dizia...
Durante uma semana febril de exames finais, fiquei frustrado porque minha mente parecia estar sendo puxada em dez direções de uma vez, com o monte de coisas sobre as quais tinha de pensar. Uma pergunta me ocorreu: "Em que Mabel pensa — hora após hora, dia após dia, semana após semana, mesmo sem ser capaz de saber se é dia ou noite?" Assim, fui a ela e lhe perguntei: "Mabel, em que você pensa quando estou aqui?" E ela disse: "Penso em meu Jesus".

Sentei-me ali e pensei por um momento a respeito da dificuldade que eu tinha de pensar em Jesus por apenas cinco minutos, e perguntei: "*O que você pensa sobre Jesus?*" Ela respondeu, de forma lenta e deliberada, como escrevi. E isto foi o que ela disse:

Penso sobre quão bom ele tem sido para mim. Ele tem sido tremendamente bom para mim em minha vida, você sabe... Sou uma daquela espécie que está muito satisfeita... Muitas pessoas pensam que sou daquelas à moda antiga. Mas não me importo. Ao contrário, tenho Jesus. Ele significa tudo para mim.

E então Mabel começou a cantar um velho hino:

Jesus é tudo para mim
Minha vida, minha alegria, meu tudo

Minha força em todas as manhãs
Sem ele, eu cairia
Quando estou triste, me aproximo dele
Ninguém pode me confortar tanto assim
Quando estou triste, ele me faz alegre
Ele é meu melhor amigo

Isso não é ficção. Por mais incrível que possa ser, um ser humano realmente viveu algo assim. Eu sei. Eu a conheci. *Como ela pode fazer assim?* Segundos e minutos se passaram lentamente, e assim dias, meses e anos de dor sem companhia humana e sem uma explicação do porquê. Foi tudo o que aconteceu — e ela permanecia ali e cantava hinos. *Como ela consegue ser assim?*

A resposta, acredito, é que Mabel tinha alguma coisa que você e eu não temos muito. Ela tinha poder. Repousando ali naquela cama, incapaz de se movimentar, incapaz de ver, incapaz de ouvir, incapaz de falar com ninguém, ela tinha um poder incrível.[10]

Paradoxalmente, então, ainda que o problema do mal seja a maior objeção à existência de Deus, no fim do dia Deus é a única solução para o problema do mal. Se Deus não existe, então nós estamos perdidos, sem esperança na vida e cheios de sofrimentos desnecessários e irreparáveis. Deus é a resposta final para o problema do mal, pois ele nos redime do mal e nos leva para a alegria eterna de um bem incomensurável: a comunhão com ele.

---

[10] Thomas E. Schmidt. *Trying to be good:* a book of doing for thinking people. Grand Rapids, Mich, Zondervan, 1990, p. 180-183.

6
ABORTO

As recentes eleições presidenciais nos Estados Unidos têm mostrado como a questão do aborto tem sido uma das típicas questões que dividem os candidatos. Em época de eleição, num esforço de persuadir as pessoas da igreja que frequentamos a votar em favor do candidato que se opõe ao aborto, coloquei um jornal no quadro de avisos no final da escada. Ele mostrava um grupo de diversos bebês com a manchete: "De cada três bebês concebidos nos EUA, um é abortado!" Essa trágica estatística é precisa. Contudo, uma semana mais tarde, enquanto passava pelo hall, observei que alguém tinha escrito estas palavras no quadro: "Propaganda religiosa de extrema direita".

Fiquei surpreso com aquelas palavras. Propaganda religiosa de extrema direita? É essa a preocupação com 33% de concepções que terminam em aborto? Bem, uma multidão de pessoas certamente parece pensar assim. E isso inclui cristãos. Um amigo recentemente me mostrou uma carta escrita por uma mulher de nossa igreja que, desde então, mudou de lado. Ela expôs seis razões pelas quais ela apoiava o aborto:

1. O assassinato deve ter um motivo maldoso.
2. Há muitas crianças indesejadas no mundo, e casais brancos não gostam de adotar crianças de minorias.

3. A população do mundo está explodindo muito rapidamente.
4. A maioria dos casais sem filhos não quer ter filhos ou adotá-los.
5. O corpo de uma mulher é problema dela; não deveria ser uma questão política.
6. Se as pessoas em nações não desenvolvidas são instruídas a adotar meios de controle de natalidade ou praticar o aborto, as mesmas políticas deveriam se aplicar em nações desenvolvidas.

O que dizer desses argumentos? São eles suficientes para justificar o aborto sob demanda? As pessoas que se opõem ao aborto são um pouco mais do que propagandistas religiosos de extrema direita?

Parece-me que, em meio aos vários argumentos favoráveis e contrários ao aborto, há duas questões centrais que vão determinar todos eles. A maneira como você responde a essas questões fundamentais determinará como você avalia o restante. Enfocando duas preocupações centrais, podemos esclarecer muito o nosso pensamento a respeito da questão do aborto. Eis as perguntas: (1) Os seres humanos possuem valor moral intrínseco?; (2) O feto em desenvolvimento é um ser humano?

Pensemos a respeito da primeira pergunta: *Os seres humanos possuem valor moral intrínseco?* Alguma coisa tem valor intrínseco se ela é um fim em si mesmo, em vez de ser um meio para algum fim. As coisas que são valiosas apenas como meio para se alcançar algum fim têm somente valor extrínseco. Por exemplo, o dinheiro não tem valor intrínseco em si mesmo ou de si mesmo. Ao contrário, ele tem valor extrínseco à medida que ele é um meio útil de comércio para os seres humanos. Desse modo, torna-se valioso para nós em virtude dos fins que ele nos ajuda a alcançar. Mas em si mesmo e de si mesmo o dinheiro é sem valor. Ele é apenas papel.

Agora a pergunta é: são os seres humanos semelhantes ao dinheiro ou são seres intrinsecamente valiosos? Estou certo de que a maioria das pessoas, ao pensarem a respeito desse assunto, reconhece que os seres humanos possuem valor intrínseco. As pessoas não são valiosas meramente como meio para algum fim; antes, as pessoas são fins em si mesmas. Como Agostinho disse, essa é a razão pela qual nós deveríamos *amar pessoas* e *usar coisas*, e não vice-versa. Aqueles que usam pessoas e amam coisas têm adotado uma postura profundamente imoral, visto que deixam de reconhecer o valor inerente e a dignidade de outras pessoas — estas não se reduzem a meras coisas que podem ser simplesmente usadas.

Como se vê na Declaração Universal dos Direitos Humanos das Nações Unidas, a comunidade internacional reconhece o valor moral intrínseco dos seres humanos. A noção de que as pessoas têm direitos inerentes justamente em virtude do fato de elas serem seres humanos — a despeito de sua raça, classe, religião, casta ou faixa etária — baseia-se no valor moral inerente dos seres humanos. Essa verdade é reconhecida também na Declaração de Independência dos Estados Unidos, que afirma que todos os homens recebem certos direitos inalienáveis, tais como o direito à vida, à liberdade e à busca da felicidade. Quando refletimos sobre isso, a maioria de nós chegaria a esta conclusão semelhante: sim, os seres humanos realmente possuem valor moral intrínseco.

Ora, o que isso implica é que, se o feto em desenvolvimento é um ser humano, então ele é dotado de valor moral intrínseco e, portanto, possui direitos humanos inerentes, incluindo o direito à vida. Como Henry Morgentaler, um canadense favorável ao aborto, admite: "Se, de fato, há um ser humano presente desde a concepção, então interferir em seu crescimento ou removê-lo de seu sistema humano de apoio seria equivalente a matar um ser humano".[1] O aborto seria uma forma de homicídio, e contra tais ataques o feto inocente e indefeso tem todo direito à proteção da lei.

Assim, chegamos à segunda pergunta que devemos fazer: *É o feto em desenvolvimento um ser humano?* Parece-me aqui ser virtualmente inegável, em termos científicos e médicos, que o feto é, em cada estágio de seu desenvolvimento, um ser humano. Afinal de contas, o feto

---

[1] Henry Morgentaler. *Abortion and Contraception*. Nova York, Beaufort, 1982, p. 143.

não é um canino, felino ou bovino; é um *feto* humano. A partir do momento da concepção, já existe um organismo vivo que é um ser humano geneticamente completo. Se lhe for permitido desenvolver naturalmente, ele se tornará um membro adulto da sua espécie. Contraste o embrião humano completo com um esperma ou um óvulo não fertilizado. Nem o esperma nem o óvulo sozinhos constituem um ser humano: cada um é geneticamente incompleto, tendo somente uma metade dos cromossomos necessários para gerar um ser humano completo. Se deixados isolados, eles não se desenvolverão: o esperma morre em poucos dias, e o óvulo não fertilizado é expelido no ciclo mensal da mulher. Contudo, quando eles se unem, combinam-se numa única célula viva para formar um indivíduo singular que nunca existiu antes. Já naquele momento da concepção, o indivíduo é homem ou mulher, dependendo do recebimento ou não do cromossomo X ou Y, vindo do esperma. O desenvolvimento posterior dos órgãos sexuais e de outras características sexuais secundárias é apenas uma evidência da diferença da sexualidade que esteve ali desde o princípio. Além disso, todos os traços do indivíduo, tais como estrutura corporal, olhos e cor do cabelo, características faciais, e assim por diante, são determinadas no momento da concepção e apenas aguardam para ser reveladas. Desde o momento da concepção, temos um ser humano geneticamente completo e singular. Na verdade, *você* começou a existir no momento de sua concepção.

Além do mais, o desenvolvimento desse indivíduo é completo, contínuo e ininterrupto. Não há nenhum ponto não arbitrário no processo diante do qual você pode dizer que o feto não seja humano, exceto dizer o que ele é. A divisão tradicional da gravidez em três trimestres não tem base científica ou médica: é um instrumento de cálculo puramente arbitrário em nome da conveniência. Essa divisão provavelmente decorre do fato de a gravidez durar nove meses, e nove é múltiplo de três. Se os seres humanos tivessem um tempo de gestação de 8 meses, ninguém falaria a respeito de trimestres! Nós a dividiríamos em quatro partes. O fato é que qualquer tentativa de traçar uma linha e declarar um ser como "não humano antes desse ponto, mas humano depois de tal ponto" é totalmente arbitrária e sem fundamento biológico.

Assim, como eu digo, parece virtualmente inegável que o feto — que é apenas a palavra latina referente a "pequenino" — é um ser humano nos primeiros estágios do seu desenvolvimento. Seja um "pequenino", um recém-nascido, um adolescente ou um adulto, ele é, em cada período, um ser humano nos diferentes estágios do seu desenvolvimento.

Aqueles que negam que o pequenino no ventre é um típico ser humano confundem *ser humano* com *existir* (ser) *em algum estágio posterior do desenvolvimento*. Por exemplo, Morgentaler pensa que, por um embrião não ser um bebê, ele não é um ser humano, e, portanto, o aborto é moralmente aceitável.

Esse argumento parece-me completamente falacioso. Nesse raciocínio, poderíamos, com igual justiça, dizer que, por uma criança não ser um adulto, ela não é um ser humano; ou por um bebê não ser uma criança, ele não é um ser humano. De fato, um embrião não é um bebê, mas isso não significa que um embrião não seja um ser humano. Todas essas fases representam os vários estágios do desenvolvimento humano, e é completamente arbitrário remover um estágio, afirmando que o feto não é um ser humano por não se encontrar em um estágio posterior.

Por confundir o ser humano com o estágio do desenvolvimento humano, Morgentaler verdadeiramente desumaniza o embrião. O óvulo humano fertilizado é praticamente uma explosão de vida. Dezoito dias após a concepção, o coração começa a se formar, e três dias depois já começa a bater. Nessa fase da gravidez, a maioria das mulheres ainda nem sabe que está grávida. E a grande maioria dos abortos acontece depois desse estágio. Isso significa que virtualmente todo aborto interrompe o batimento de um coração — de um coração *humano*!

Além disso, depois de 30 dias o bebê já tem um cérebro e com 40 dias ondas cerebrais já podem ser medidas. Em 2005, mais da metade dos abortos realizados nos Estados Unidos aconteceram nesse estágio ou depois dele. Na oitava semana (de existência do feto), mãos e pés estão quase prontos. Na nona semana, já se podem ver as pequenas unhas das mãos e dos pés, e o feto pode até mesmo conseguir chupar o dedo. A essa altura, não estamos tratando de um agrupamento de células, mas de um bebê (essa palavra é inevitável), um bebê bem minúsculo com face e características, com pequenos braços e pernas, com pequeninos pés e mãos. Todos os órgãos do corpo já estão presentes, e os sistemas muscular e circulatório estão completos.

Com dez semanas o bebê já tem delicadas impressões digitais e já está totalmente em movimento, chutando e se movendo, fechando e abrindo suas pequenas mãos e ondulando os dedos dos pés. Atrás de suas pálpebras fechadas seus olhos estão quase plenamente desenvolvidos. Inacreditavelmente, já a essa altura, as características faciais começam a se assemelhar à dos seus pais!

Fotos de fibra ótica desses pequeninos têm nos revelado quão extraordinariamente belas e delicadas maravilhas da criação eles são. Um médico descreve sua experiência de primeira mão a um desses pequeninos de oito semanas de idade:

> Anos atrás, enquanto aplicava um anestésico para ruptura de uma gravidez tubária (aos dois meses), tive nas mãos o que eu cri ser o menor dos seres humanos que eu jamais havia visto. A bolsa embrionária estava intacta e transparente. Dentro da bolsa estava um pequenino macho humano nadando com extremo vigor no líquido amniótico, ainda que atado à parede do útero pelo cordão umbilical. Esse minúsculo ser humano estava perfeitamente desenvolvido com dedos longamente afinados, com pés e dedões. Ele era quase transparente em relação à sua pele, e as artérias e veias eram notórias mesmo no final dos dedos. O bebê estava extremamente vivo e não parecia igual às fotos e aos desenhos de 'embriões' que tenho visto. Quando a bolsa foi aberta, o minúsculo ser humano imediatamente perdeu sua vida e assumiu a aparência do que já é conhecido de um embrião nesse estágio, extremidades abruptas, etc.

Ninguém que tenha visto fotos de infantes no ventre entre a oitava e décima segunda semana pode honestamente negar a existência de um bebê humano.

Um grande número de abortos ocorre nessa época, entre a décima e a décima segunda semana de gravidez. Com essa atitude, estão claramente destruindo um bebê humano. Eu nem falarei do horror dos abortos do segundo e terceiro trimestres, 150.000 dos quais ocorrem anualmente somente nos Estados unidos, ou de abortos parciais, em que um bebê realmente nasce parcialmente antes de ser brutalmente morto. Não cometa nenhum erro a respeito disso: o aborto é a matança de bebês. A única maneira de esse processo continuar é ocultar esses pequeninos infelizes do público. Como meu ex-pastor certa vez disse: "Se os ventres tivessem janelas, não haveria abortos".

À luz desses fatos, muita coisa da retórica dos direitos do aborto é vista como sendo simplesmente absurda. Por exemplo, numa entrevista com a revista *World*, a finada Barbara Jordan, da Universidade do Texas, recitou o mantra dos direitos do aborto: "O aborto é uma escolha pessoal. Ao falar sobre esse assunto, vocês estão falando a respeito do que uma mulher faz com seu corpo". O entrevistador incrédulo perguntou, "Você rejeita o entendimento de que há realmente dois corpos envolvidos num aborto — o da mãe e o da criança?" Jordan foi direta: "Certamente que sim. De fato, rejeito essa noção".[2]

Ora, isso é exatamente conversa fiada de cientista e médico. A ideia de que um feto em desenvolvimento é parte do corpo da mulher é tão biologicamente ignorante que eu a *chamaria* de medieval — ressaltando que isso seria um insulto aos medievais! O feto não é como um apêndice ou uma vesícula biliar. Desde o momento de sua concepção e implantação na parede do útero da mãe, o feto *nunca* é uma parte do corpo da mãe, mas é um ser vivo biologicamente distinto e completo que está, de fato, "conectado" à mãe como um sistema de apoio à vida. Dizer que um feto é parte do corpo de uma mulher é dizer que uma pessoa com algum mecanismo de manutenção da vida é parte do pulmão artificial ou do equipamento intravenoso. Ter um aborto não é igual a ter um apendicectomia. É igual matar outro ser

---

[2] Barbara Jordan, citada no artigo "New Democratic Order?", *World*, 7 de Novembro de 1992, p. 8,9.

humano. Tentar justificar o aborto com base no que a mulher pode fazer e no que ela quer fazer com seu próprio corpo é apenas uma ignorância politicamente correta.

As consequências absurdas de negar que o pequenino é um ser humano foram dramaticamente ilustradas em uma decisão do tribunal de Connecticut, que foi registrada pelo *New York Times*. O caso retratado foi o de uma mãe viciada em drogas que, em apenas algumas horas antes de dar à luz e após a bolsa ter rompido, injetou cocaína em seu corpo enquanto esperava para ir ao hospital. Essa mulher já tinha tido uma criança mais velha, que foi removida de sua custódia, pelo estado, por causa de ela ser viciada em drogas. No entanto, quando o estado também tentou tomar a custódia do recém-nascido, a corte interveio para bloqueá-la porque, sob a lei extremamente liberal do direito do aborto em Connecticut, o feto anterior ao nascimento não era "uma criança" e, portanto, não havia nada de ilegal em injetar cocaína em sua corrente sanguínea. Visto que o feto não era uma criança, a corte também declarou que a mulher também não era uma "mãe", e, portanto, as ações dela não poderiam constituir um abuso infantil. Ora, eu não preciso lhe dizer que isso é absolutamente insano. Como ser expelido através do canal próprio magicamente transforma uma entidade não humana numa criança humana? Como podemos ser tão cegos? O artigo relatava que mesmo os advogados mais leais aos direitos do aborto estavam desconfortáveis a respeito de "verem a filosofia deles escancarada, com todas as implicações expostas!". Não obstante, eles apoiaram o veredito porque, nas palavras de uma porta-voz da Paternidade Planejada, aceitar a outra alternativa seria trilhar um caminho de negação dos direitos do aborto.

Ela estava correta em sua lógica. Ela percebeu que, uma vez que você admite que o feto é um ser humano antes do nascimento, mesmo no nono mês de gravidez, não há nenhum ponto arbitrário no processo em que, no desenvolvimento humano, você possa admitir que antes de um determinado ponto o feto não seja humano, mas depois de um determinado ponto seja. E assim a lógica cruel da posição pelos direitos do aborto deve negar a humanidade desses pequeninos exatamente até o momento do nascimento. Por essa razão, os defensores do direito ao aborto têm sido inflexíveis em sua defesa do aborto por nascimento parcial, procedimento em que o bebê é expelido pelos pés permanecendo apenas a cabeça dentro do canal. O médico, então, fura a parte de trás do crânio do bebê com um par de tesouras cirúrgicas e aspira para fora o cérebro dele, causando o colapso do crânio antes que o parto seja completado. Uma vez que a cabeça do bebê permanece dentro do colo do útero, quando ele é morto, ele ainda não é uma criança humana e, assim, matá-lo não é um homicídio.

Na verdade, a lógica da posição dos direitos do aborto tem impulsionado os mais vigorosos dos ativistas a se oporem à legislação que protege os bebês que têm *sobrevivido* às tentativas malfeitas de aborto. O que eles têm visto claramente é que o deslocamento geográfico do infante do útero da mãe para a mesa de operação não tem absolutamente nenhum efeito sobre o *estatuto* humano do bebê, de modo que, se o aborto é moralmente justificável momentos antes do parto, o infanticídio deve ser justificável no tempo da expulsão que vem a seguir. Os congressistas, defensores dos direitos ao aborto por nascimento parcial, têm permitido a ruptura na barreira da posição dos direitos do aborto.

O fato é que, desde a concepção até a velhice, temos os vários estágios de desenvolvimento da vida de um ser humano. Portanto, parece que os fatos médicos e científicos tornam virtualmente inegável que o feto em desenvolvimento é um ser humano.

Se respondemos "sim" às duas questões que nós próprios estabelecemos, conclui-se que o aborto é um ultraje moral, a destruição de uma vida humana inocente e indefesa.

Confrontados com os fatos científicos inegáveis a respeito do desenvolvimento fetal, alguns proponentes do direito ao aborto repentinamente começam a botar o pé no freio a essa altura, dizendo: "Espere um pouco, nós realmente não quisemos dizer que todos os seres humanos têm valor moral intrínseco. Ao contrário, as *pessoas* têm, mas 'pessoa' significa um indivíduo autoconsciente. Visto que o feto não é uma pessoa nesse sentido, ele não tem nenhum valor moral intrínseco e, assim, não há nada errado em matá-lo".

Contudo, parece-me que essa rota de escape proposta não funciona, e até mesmo apresenta consequências sinistras. Primeiro, mesmo que um pequenino no ventre não fosse uma pessoa, ele ou ela é ainda uma pessoa em potencial e, nesse sentido, o feto difere crucialmente — por exemplo — de um cão ou de um gato. O pequenino eventualmente se tornará um indivíduo autoconsciente, e não está claro que temos o direito de impedir que essa potencialidade se torne real, matando-o.

Segundo, ainda de um modo mais fundamental, a visão proposta falha em distinguir entre *ser* uma pessoa e *funcionar* como uma pessoa. Se a autoconsciência é necessária para que alguém seja considerado uma pessoa, então alguém que esteja dormindo ou em estado de coma não é uma pessoa — isso seria um absurdo! Se você deixa de ser uma pessoa quando adormece, não há nada de errado em alguém matar você em seu sono. (Por isso, cuidado ao dormir, pois se você estiver dormindo deixará de ser uma pessoa, e, consequentemente, quem te matar não estará cometendo crime algum! Veja como dormir pode ser perigoso! Portanto, para todos os efeitos, mantenha-se sempre acordado. Só assim você permanecerá sendo uma pessoa! Que absurdo!). Isso deixa claro que há uma diferença entre *ser* uma pessoa e *funcionar* como uma pessoa. Quando você dorme, você ainda é uma pessoa; naquele momento, você apenas não está funcionando como uma pessoa. Assim, com que base sabemos que um pequenino no ventre não é uma pessoa, e também ainda não está funcionando como uma pessoa? Não posso imaginar que *bebês* no útero ainda não sejam pessoas, que, no tempo certo, começarão a funcionar como indivíduos autoconscientes. Se isso é assim, eles não são pessoas em potencial; antes, eles são pessoas com potencial.

Terceiro, a refutação decisiva da visão proposta é que ela também serve para justificar o infanticídio. Afinal, bebês recém-nascidos não são indivíduos autoconscientes, e assim, sob a definição proposta, eles não são pessoas. Dessa forma, se o aborto é justificado, assim também o é o infanticídio. Alguns proponentes dos direitos do aborto, novamente forçados pela lógica cruel de sua posição, têm endossado publicamente o infanticídio. O ganhador do prêmio Nobel, James D. Watson, escreveu em 1973:

> Se uma criança não fosse declarada viva até três dias após o nascimento, então a todos os pais seria permitida a escolha que somente poucos recebem sob o presente sistema. O médico poderia permitir que a criança morresse se os pais assim escolhessem e pouparia um grande volume de miséria e sofrimento. Eu creio que essa visão é a única racional, e a atitude compassiva a se ter.[3]

No entanto, naturalmente, três dias não é um tempo longo para um recém-nascido desenvolver autoconsciência. Um ano, talvez dois, serão necessários. Durante todo esse tempo, a criança não é uma pessoa. Desse modo, alguém pode matá-la, como se põe um animalzinho indesejado para dormir. Certamente, alguém cujo coração não foi totalmente endurecido por um comprometimento obsessivo com o aborto reconhecerá a terrível imoralidade e, consequentemente, a intolerância dessa rota de escape proposta!

Ora, você perceberá que, em tudo isso, não apelei em ponto algum para a Bíblia. A razão é porque, contrário à impressão popular, o aborto não é uma questão religiosa. A primeira questão que levantamos é filosófica: os seres humanos possuem um valor moral intrínseco? A segunda questão é científica e médica: o feto em desenvolvimento é um ser humano? Nenhuma dessas perguntas é uma questão religiosa. Essa é a razão pela qual entre os mais fortes oponentes ao aborto estão os humanistas, como o falecido Dr. Bernard Nathanson, que, a princípio, chegou a ser favorável ao aborto. Como humanista, ele acreditava que os seres humanos possuem valor intrínseco e, como um médico, ele não mais poderia negar a evidente humanidade de suas

---

[3] James D. Watson, "Children from the Laboratory", *Prism* (maio de 1973).

vítimas. Assim, ele renunciou sua prática e veio a se opor ao aborto como sendo um terrível mal.

Mas por que a vasta maioria dos oponentes ao aborto parece ser composta de cristãos? A resposta é porque os cristãos também têm razões *bíblicas* para responder "sim" às duas perguntas propostas. Com respeito à primeira pergunta, a Bíblia declara que o ser humano — tanto homem como mulher — é feito à imagem de Deus (Gn 1.27). Por esse motivo, possuem valor intrínseco e certos direitos dados por Deus. A proibição bíblica do assassinato baseia-se especificamente no fato de que o homem é criado à imagem de Deus (Gn 9.6). O segundo grande mandamento é que nós deveríamos amar o nosso próximo, e este é um mandamento universal que se estende a todo ser humano. E não somente isso, mas todo ser humano é uma pessoa por quem Cristo morreu, ato que atribui a cada pessoa um valor indizível. Na cosmovisão cristã, um simples ser humano é mais digno do que a totalidade do mundo material. Por causa dessa visão exaltada do homem, os cristãos estão profundamente comprometidos com a causa dos direitos humanos.

Com respeito à segunda pergunta, a Bíblia também sugere que a vida humana começa não no nascimento, mas no ventre. Há um número surpreendente de referências bíblicas à vida no ventre. Cerca de quarenta vezes, a Escritura se refere à concepção como o começo da nova vida no ventre. Além disso, Deus é apresentado como aquele que cuida de pessoas e as chama, enquanto elas ainda estão no ventre. Por exemplo, olhe para o Salmo 139.13-16:

> Pois tu formaste o meu interior, tu me teceste no ventre de minha mãe. Eu te louvarei, pois fui formado de modo tão admirável e maravilhoso! Tuas obras são maravilhosas, tenho plena certeza disso! Meus ossos não te estavam ocultos, quando em segredo fui formado e tecido com esmero nas profundezas da terra. Teus olhos viram a minha substância ainda sem forma, e no teu livro os dias foram escritos, sim, todos os dias que me foram ordenados, quando nem um deles ainda havia.

Aqui o salmista descreve como Deus o conhecia e como o havia criado no ventre de sua mãe. Especialmente digna de nota é a sua declaração de que, mesmo no ventre, Deus tinha um plano para sua vida, que incluía o curso todo de sua vida até o dia de sua morte. Como Deus via esse "pequenino" no ventre de sua mãe, ele já tinha em mente planos, propósitos e projetos a serem realizados através dessa vida.

Um tema semelhante é expresso pelo profeta Jeremias: "A palavra do Senhor veio a mim: Antes que eu te formasse no ventre te conheci, e antes que nascesses te consagrei e te designei como profeta às nações (Jr 1.4-5)".

Aqui novamente vemos o envolvimento de Deus na vida de alguém ainda não nascido e seu plano para a vida dessa pessoa.

Quando lemos tais passagens, dificilmente ficamos surpresos com o fato de o aborto nunca ter sido praticado entre os judeus. Não havia nenhuma necessidade de um mandamento específico contra matar os que ainda não haviam nascido, como também não havia nenhuma necessidade de um mandamento contra matar a esposa de alguém; ambas as coisas estavam implicitamente inclusas sob o simples mandamento: "Não matarás".

Assim, os cristãos possuem bases bíblicas, assim como bases filosóficas e científicas, para afirmar o valor da vida humana e a humanidade dos que estão por nascer, e, portanto (graças a Deus), eles têm permanecido na vanguarda da oposição a essa terrível matança de inocentes. Entretanto, o aborto não é uma questão religiosa de *per se*. Por essa razão, quando nós cristãos tentamos influenciar a política pública sobre essa questão, nós deveríamos ser sábios em não basear o nosso argumento em bases bíblicas — que em nossa cultura pós-cristã não têm nenhuma força para os não cristãos que rejeitam a Bíblia —, mas em bases humanitárias gerais que apelam a todas as pessoas.

Do mesmo modo, creio que está claro em razão do que temos dito que o aborto também não é uma questão de gênero. Os feministas radicais têm trancafiado a questão do aborto como um símbolo de tudo o que incorpora os direitos das mulheres. Por consequência, alguns feministas têm um comprometimento obsessivo e mesmo fanático com relação ao aborto. Mas tal equação dos direitos do aborto com os direitos das mulheres é totalmente errada. O aborto não é uma questão de gênero; é uma questão ética: alguém tem o direito de tirar a vida de uma vida humana inocente? Alguém pode e deve estar comprometido com a igualdade de oportunidade para as mulheres no mercado, com a igualdade de salários entre homens e mulheres, e assim por diante, sem, a partir disso, inferir ilogicamente que alguém tem o direito de destruir uma vida humana inocente.

A menção às questões das mulheres levanta um ponto adicional: uma posição pró-vida consistente não é apenas antiaborto. É também pró-mãe e pró-criança e advoga que está disponível para a mulher uma gama de serviços sociais que conduzem a gravidez de uma forma boa — coisas como aconselhamento para a gravidez, cuidados constantes, benefícios médicos, serviços de adoção, e assim por diante. Nós precisamos ajudar mulheres a verem que elas não são forçadas a fazer um aborto, mas que há alternativas disponíveis.

Agora, como eu disse, o modo como você pensa as duas perguntas fundamentais feitas anteriormente vão determinar o rumo do debate acerca do aborto. Afinal, uma vez que você entende que a vida humana possui valor intrínseco e que estamos tratando aqui de vidas humanas, então virtualmente todos os argumentos em favor do aborto se tornam obviamente débeis. Tome, por exemplo, os argumentos que uma ex-membro de minha igreja mostrou em sua carta:

1. O assassinato deve ter um motivo maligno. Podemos admitir a premissa se desejarmos, mas isso não sugere que o aborto é justificado. Mesmo que o aborto não seja um assassinato tão definido, tal prática ainda é um homicídio, e a matança de seres humanos inocentes é errada.

2. Há demasiadas crianças indesejadas no mundo, e casais brancos não querem adotar crianças de minorias. Suponha que nós admitamos a premissa apenas em nome do argumento. Qual é o resultado? Que nós deveríamos matar os seres humanos antes de eles serem nascidos? É moralmente justificável matar um ser humano inocente porque ele não é desejado? Isso é loucura! O que deveríamos fazer é expandir a disponibilidade de métodos de contracepção e instruir a população sobre meios que não envolvam a destruição do óvulo fertilizado, e programas de adoção que tornem essa opção mais fácil.

Esse argumento também sugere sutilmente o racismo, o que eu considero muito perturbador: o aborto é necessário — isso é o que parece dizer o argumento nas entrelinhas — para controlar todos aqueles asiáticos e africanos, cuja população tem crescido com muita rapidez. Deixe-os matar seus bebês antes de nascer e mantenha-os sob controle! É desnecessário dizer que tal atitude deveria ser anatematizada por qualquer cristão.

Finalmente, deixe-me dizer que o argumento é realmente ingênuo: em muitos países do Terceiro Mundo, as famílias são grandes não porque as crianças são *in*desejadas, mas exatamente porque elas *são* desejadas com a finalidade de que possam tomar conta dos pais quando estes ficarem velhos. Com altas taxas de mortalidade infantil, pobreza, e doença, as chances de alguém ter outras pessoas para cuidarem dela quando estiver velha são melhores se ela tem vários filhos. O aborto não resolve nada. O que tem de ser feito é atacar a pobreza e a doença subjacentes na raiz do problema.

3. A população do mundo está se multiplicando muito rapidamente. De novo, isso não justifica a matança de seres humanos inocentes. A implicação lógica dessa objeção é o controle populacional em que os fracos e os indesejados são mortos para dar lugar aos fortes. A resposta moralmente apropriada ao crescimento populacional é um melhor controle de natalidade, e não a matança de pessoas inocentes.

4. A maioria dos casais sem filhos não quer ter filhos ou adotar. Mesmo que isso fosse verdadeiro, não justificaria o ato de matar seres humanos inocentes. Além disso, suspeito que essa é uma opinião vaga, sem qualquer base. Em nossa própria família, meus dois cunhados e suas esposas são apenas dois exemplos de casais que passaram pela agonia de tentar ter seus próprios filhos. De qualquer forma, a objeção é irrelevante. Muitas famílias que já têm filhos resolvem adotar. Os nossos vizinhos fizeram exatamente isso. O fato é que há milhões de pessoas esperando para adotar crianças e não há falta de famílias amorosas para aqueles que seriam vítimas do aborto.

5. O corpo de uma mulher é problema dela; não deveria ser uma questão política. Nós já vimos que, no aborto, dois corpos estão envolvidos, assim como dois seres humanos. Para quem se interessa pelo assunto, certa vez, Abraham Lincoln descreveu o propósito do governo como: "ajudar aqueles que não podem ajudar a si mesmos". Não há ninguém mais impotente e indefeso do que uma criança ainda não nascida; ela merece a proteção da lei. Assim, a quem o assunto interessa? Aqui relembro as palavras do espírito de Marley na obra de Charles Dickens, *A Christmas Carol* [Uma canção de Natal], quando Scrooge lhe diz: "Você sempre foi um bom homem nos negócios, Jacó", e o fantasma grita: "Negócios! A raça humana é meu negócio!". O mesmo é verdadeiro hoje. O sangue de milhões de crianças inocentes clama a Deus, e os cristãos, de todos os povos, não podem se atrever a tapar os ouvidos, tornando-se insensíveis em relação ao clamor deles.

6. Se as pessoas de nações subdesenvolvidas são urgidas a terem controle de natalidade ou aborto, as mesmas políticas deveriam se aplicar em nações desenvolvidas. A resposta, naturalmente, é que nenhuma nação deveria ser instada a executar abortos. O aborto é uma abominação moral, uma desgraça para qualquer povo.

Você percebe o que quero dizer? Uma vez que você admite que seres humanos têm valor moral intrínseco e que os ainda não nascidos são seres humanos, o restante se encaixa. Não há simplesmente nenhuma justificativa para travar uma guerra não declarada contra os que ainda não nasceram.

Agora, qual a aplicação prática de tudo isso? O que devemos e podemos fazer?

Primeiro, se ocorrer uma gravidez indesejada, *não pratique um aborto*. Pode ser difícil ter de se acomodar a uma criança inesperada, mas pense sobre o que você está para fazer. Se você decidir pelo aborto, você matará o seu filho ou a sua filha. *Não faça essa coisa tão horrenda.* Se você já fez um aborto e está lutando com uma culpa secreta, saiba que há perdão e purificação com o Senhor, se você confessar seu pecado e voltar-se para ele em arrependimento e fé.

De modo semelhante, se sua filha solteira engravidar (Deus a livre disso!), *não a encoraje a fazer o aborto*. Dois erros não se transformam em um acerto. Um erro é ruim o suficiente; não o aumente por fazê-la cometer homicídio contra sua própria filha ou filho.

Segundo, se você sabe de alguém que está cogitando a possibilidade de aborto, faça tudo o que puder para persuadir essa pessoa a não matar o seu próprio bebê. Obtenha alguns panfletos para mulher grávida, mostrando quadros do desenvolvimento fetal, e ajude-a a ver claramente o que o aborto pode fazer ao bebê dela. Ofereça apoio emocional e ajude-a a tomar a decisão correta. Fazendo assim, você não somente a ajudará, mas salvará uma vida humana.

Finalmente, torne-se politicamente envolvido para mudar as leis do aborto no que for possível. Familiarize-se com as questões, por exemplo, recebendo revistas sobre o direito à vida. Vote em candidatos que deem suporte à postura pró-vida. Fale contra a promoção do aborto nas escolas de seus filhos ou onde a questão for levantada.

Cada ano a vida de milhões de bebês são ceifadas por meio do aborto. Levantemos as nossas vozes em protesto contra essa matança de crianças não nascidas. É isso "a ala direita da propaganda religiosa"? Dificilmente. É uma preocupação filosófica e científica de caráter ético. Mas há uma palavra melhor para ela: ela é chamada *compaixão*. Se nossos corações têm se tornado tão frios que não podemos sequer chorar por esses pequeninos que perecem diariamente aos milhares, que Deus nos ajude.

7
HOMOSSEXUALIDADE

Uma das questões mais difíceis e importantes que a igreja enfrenta hoje é a questão da homossexualidade como um estilo de vida alternativo. A igreja não pode se esquivar dessa questão. Eventos como o assassinato brutal de Matthew Shepherd, o estudante homossexual, no Wyoming, ou a recente torrente de escândalos envolvendo sacerdotes pedófilos, que têm sacudido a Igreja Católica, são suficientes para trazer essa questão para o centro dos debates atuais.

Os cristãos que rejeitam a legitimidade do estilo de vida homossexual são geralmente taxados de homofóbicos, intolerantes, e até mesmo de odiosos. Por causa disso, a questão do homossexualismo tem provocado uma grande intimidação, ao ponto de algumas igrejas terem aprovado o estilo de vida homossexual e até mesmo aceitado aqueles que o praticam para serem seus ministros.

Não pense que isso tem acontecido apenas em igrejas liberais. Uma organização homossexual, chamada *Evangelicals Concerned* [Evangélicos Preocupados], é formada por um grupo constituído de pessoas que, para todos os efeitos, são nascidas de novo, creem na Bíblia, mas que também são homossexuais praticantes. Eles alegam que a Bíblia não proíbe a prática homossexual ou que seus mandamentos não são válidos para hoje, uma vez que são apenas reflexo da cultura em que foram escritos. Essas pessoas, apesar de serem ortodoxas com relação a Jesus e a qualquer outra área de ensino, acreditam que é correto ser um homossexual praticante. Lembro-me de ouvir um erudito do Novo Testamento numa conferência profissional relatar a história de sua fala em um dos encontros da *Evangelicals Concerned*: "As pessoas estavam realmente preocupadas a respeito do que você ia falar", disse o anfitrião após o encontro. "Por quê?" — ele perguntou surpreso — "Vocês sabem que não sou homofóbico!". Mas o anfitrião lhe tranquilizou: "Imagina! As pessoas não estavam preocupadas com isso!". E acrescentou: "Na verdade, elas estavam com medo de que você fosse defender o método histórico-crítico".

Assim, quem somos nós para dizer que esses cristãos aparentemente sinceros estão errados?

Ora, essa é uma pergunta *muito* boa. Quem somos nós para dizer que eles estão errados? Tal questionamento suscita uma pergunta ainda mais profunda, que precisa ser respondida antes de tudo: o certo e o errado realmente existem? Antes que você possa determinar *o que* está certo e *o que* está errado, você tem de saber se o certo e o errado realmente existem.

Bem, qual é a base para dizer que o certo e o errado existem, e que há realmente uma diferença entre esses dois? Tradicionalmente, a resposta tem sido que a base dos valores morais está em Deus. Deus é, por natureza, perfeitamente santo e bom. Ele é justo, amoroso, paciente, misericordioso, generoso — tudo que é bom vem dele e reflete seu caráter. Ora, a natureza perfeitamente boa de Deus chega até nós em seus mandamentos que se tornam nosso dever moral: por exemplo, "Amarás ao Senhor teu Deus de todo o teu coração, alma e força", "Amarás ao teu próximo como a ti mesmo", "Não matarás, não furtarás, não cometerás adultério". Essas coisas são certas ou erradas com base nos mandamentos de Deus, e os mandamentos de Deus não são arbitrários, mas fluem necessariamente de sua perfeita natureza.

Esse é o entendimento cristão de certo e errado. Há realmente um criador, Deus, que fez o mundo e nos permitiu conhecê-lo. Ele realmente tem ordenado certas coisas. E, de fato, estamos moralmente obrigados a fazer certas coisas (e não fazer outras). A moralidade não é apenas um produto de sua mente. Ela é real. Quando falhamos em guardar os mandamentos de Deus, realmente nos tornamos, do ponto de vista moral, culpados perante ele e carentes de seu perdão. A questão não está apenas no fato de nos *sentirmos* culpados; nós realmente *somos* culpados, a despeito de como nos sentimos. Se tenho uma consciência insensível, uma consciência entorpecida pelo pecado, posso não me *sentir* culpado; mas, se transgredi a lei de Deus, *sou* culpado, a despeito de como me sinto.

Assim, por exemplo, se os nazistas tivessem vencido a Segunda Guerra Mundial e tivessem tido sucesso em sua lavagem cerebral ou no extermínio de todos que discordassem deles, de forma que todo o mundo pensasse que o Holocausto tinha sido bom, tal atitude ainda assim teria sido errada, porque Deus diz que é errada, a despeito da opinião humana. A moralidade está baseada em Deus, e assim o certo e o errado têm existência real e não são afetados por opiniões humanas.

Tenho enfatizado esse ponto porque ele é muito estranho ao pensamento de uma boa parte das pessoas em nossa sociedade atual. Hoje muitas pessoas encaram o certo e o errado não como uma questão de *fato*, mas de *gosto*. Não há uma questão objetiva, por exemplo, em se achar que *o brócolis é gostoso*. Ele é gostoso para algumas pessoas, mas ruim para outras. Ele pode ser gostoso para você, mas não para mim! As pessoas pensam que o mesmo acontece com os valores morais. Alguma coisa pode ser errada para você, mas certa para mim. Não há nada objetivamente certo ou errado. É apenas uma questão de gosto.

Ora, se Deus não existir, então creio que essas pessoas estão absolutamente corretas. Na ausência de Deus, tudo se torna relativo. Assim, o certo e o errado se tornam valores relativos para diferentes culturas e sociedades. Sem Deus, quem pode dizer que os valores de uma cultura são melhores do que os da outra? Quem é que pode dizer quem está certo e quem está errado? De onde vêm o certo e o errado? Richard Taylor, renomado filósofo americano — que, a propósito, não é cristão —, defende esse argumento com veemência. Observe cuidadosamente o que ele diz:

A ideia de obrigação moral está clara o suficiente, desde que subentendida a referência a um legislador que esteja acima dos demais. Em outras palavras, nossas obrigações morais podem ser entendidas como obrigações impostas por Deus. Mas o que acontece se esse legislador que está acima dos seres humanos não for mais levado em conta? O conceito de uma obrigação moral ainda faz sentido?[1]

Segundo Taylor, a resposta é não. Em suas palavras: "O conceito de obrigação moral é ininteligível quando dissociado da ideia de Deus. As palavras permanecem, mas o significado delas se perde."[2] E continua dizendo:

> Apesar de a era moderna repudiar em maior ou menor grau a ideia de um legislador divino, ela tem tentado manter as ideias do que é certo e errado moralmente, sem perceber que, ao colocar Deus de lado, ela também aboliu o caráter do que significa o certo e o errado. Assim, mesmo pessoas instruídas, algumas vezes, declaram que coisas como a guerra, o aborto ou a violação de certos direitos humanos são moralmente erradas, e imaginam ter dito algo de verdadeiro e significativo. Entretanto, não é preciso que se diga a pessoas instruídas que questões como essas nunca foram respondidas fora do campo da religião.[3]

Você consegue compreender o que quer dizer até mesmo um filósofo não cristão como esse? Se não existir Deus, se não existir um legislador divino, então não existe lei moral. Se não existe lei moral, então o certo e o errado não têm existência real. O certo e o errado são apenas costumes e convenções humanos que variam de sociedade para sociedade. Ainda que todos esses costumes e convenções sejam os mesmos, continuam sendo apenas invenções humanas.

---

[1] Richard Taylor, *Ethics, Faith, and Reason*. Englewood Cliffs, N.J.: Prentice-Hall, 1985, p. 83.
[2] Ibid., p. 84.
[3] Ibid., p. 2-3.

Assim, se Deus não existir, o certo e o errado também não existem. Vale qualquer coisa, inclusive a homossexualidade. Logo, um dos melhores modos de defender a legitimidade do estilo de vida homossexual é se tornar um ateu. Mas o problema é que muitos defensores da homossexualidade não querem se tornar ateus. Na verdade, querem afirmar que o certo e o errado existem. Assim, você os ouve fazendo julgamentos morais o tempo todo. Por exemplo: "É errado discriminar os homossexuais". Esses julgamentos morais não pretendem ser justos em relação a uma dada cultura ou à sociedade. Eles condenariam uma sociedade como a sociedade nazista alemã que lançou homossexuais nos campos de concentração, com judeus e outros marginalizados. Quando o estado do Colorado aprovou uma emenda proibindo direitos especiais para homossexuais, Barbara Streisand promoveu um boicote ao estado, dizendo que o clima moral no estado tinha se tornado "inaceitável".

No entanto, temos visto que esses juízos de valor não podem ser feitos de modo significativo, a menos que Deus exista. Se Deus não existe, vale qualquer coisa, incluindo a discriminação e a perseguição a homossexuais. Todavia, isso não para por aqui: assassinato, estupro, tortura, abuso infantil — nenhuma dessas coisas seria errada, porque, sem Deus, o certo e o errado não existem. Tudo é permitido.

Assim, se queremos ser capazes de fazer julgamentos morais a respeito do que é certo e do que é errado, temos de afirmar que Deus existe. Contudo, a mesma questão com que iniciamos — "Quem é você para dizer que a homossexualidade é errada?" — pode ser devolvida aos ativistas homossexuais: "Quem são vocês para dizer que a homossexualidade *é certa*?". Se Deus existir, então não podemos ignorar o que *ele* tem a dizer a respeito do assunto. A resposta correta à pergunta "Quem é você para dizer...?" é replicar: "Eu? Não sou ninguém! É Deus quem determina o que é certo e o que é errado. Estou apenas interessado em aprender o que ele diz e obedecer-lhe".

Deixe-me recapitular o que vimos até aqui. A questão da legitimidade do estilo de vida homossexual está em saber o que Deus tem a dizer a respeito dele. Ora, se não há Deus, então não há certo ou errado, e não faz qualquer diferença o estilo de vida que você escolhe. Por essa perspectiva, aquele que persegue os homossexuais teria a mesma razão daquele que defende a homossexualidade. Contudo, se Deus existir, não mais podemos viver com base em nossas próprias opiniões. Temos que descobrir o que ele pensa sobre a questão.

Assim, como você descobre o que Deus pensa? O cristão diz: olhando na Bíblia. E a Bíblia nos diz que Deus proíbe a prática homossexual. Portanto, os homossexuais estão errados.

O raciocínio é basicamente este:

(1) Temos obrigação de fazer a vontade de Deus.
(2) A vontade de Deus está expressa na Bíblia.
(3) A Bíblia condena a prática homossexual.
(4) Logo, a prática homossexual é contrária à vontade de Deus, ou seja, é errada.

Ora, se alguém rejeita esse raciocínio, então tem de negar que (2) a vontade de Deus está expressa na Bíblia ou, ainda, que (3) a Bíblia condena a prática homossexual.

Primeiro, olhemos para o ponto (3): A Bíblia, de fato, condena a prática homossexual? Agora observe como faço a pergunta. Não pergunto, "A Bíblia condena a tendência homossexual?", mas sim "A Bíblia condena a *prática* homossexual?". Essa é uma distinção importante. A tendência homossexual é um estado ou uma orientação; uma pessoa que tem uma orientação homossexual pode jamais vir a expressá-la na prática. Em contrapartida, uma pessoa pode praticar atos homossexuais mesmo tendo uma orientação heterossexual. O que a Bíblia condena é a prática, e não a orientação homossexual em si. Essa ideia de alguém ser homossexual por orientação é característica da psicologia moderna e pode ter sido desconhecida das pessoas no mundo antigo. O que elas conheciam eram as práticas sexuais, e é isso o que a Bíblia condena.

Ora, isso tem inúmeras implicações. No final das contas, pouco importa o debate para saber se a tendência homossexual é algo com o qual o ser humano nasce ou é fruto do ambiente em que a pessoa foi criada. O mais importante não é saber como você *adquiriu* sua orientação sexual, mas o que você *faz* com ela. O que alguns defensores da homossexualidade mais querem provar é que seus genes, e não sua educação, determinam se você é homossexual — porque, assim, a prática homossexual seria vista como normal e correta. Entretanto, essa conclusão não procede. O simples fato de você ter uma predisposição genética para alguma prática não significa que tal prática seja moralmente correta. A título de exemplo, alguns pesquisadores suspeitam que pode haver um gene que predispõe algumas pessoas ao alcoolismo. Isso significa que é correto para alguém, com tal predisposição, sair e beber o quanto quiser e se tornar um alcoólatra? Obviamente não! Se há alguma coisa que podemos fazer é alertar essa pessoa a se *abster* do álcool para evitar que isso aconteça. Ora, a verdade nua e crua é que nós não entendemos plenamente os papéis da hereditariedade e do ambiente na constituição da homossexualidade. Mas isso realmente não importa. Ainda que a homossexualidade fosse de caráter completamente genético, esse fato isolado não a torna diferente em nada de um defeito de nascimento, como a fenda palatina ou a epilepsia. Ou seja, isso não significa que seja normal e que não devamos tentar corrigi-la.

De qualquer modo, tanto faz se a tendência homossexual resulta da genética ou da educação, o fato é que as pessoas geralmente não optam por ser homossexuais. Muitos homossexuais relatam o quanto é angustiante descobrir-se com esses desejos e como é difícil lutar contra eles. Eles certamente lhe diriam que nunca escolheriam ser homossexuais. Veja, a Bíblia não condena uma pessoa que tem essa tendência homossexual. O que ela condena é a prática homossexual. É plenamente possível alguém lutar contra sua tendência homossexual e ser um nascido de novo, um cristão cheio do Espírito.

Exatamente como um alcoólatra que, deixando de beber, chega a uma reunião dos Alcoólicos Anônimos e diz "Sou um alcoólatra", alguém que possua uma tendência homossexual, e que não a tem colocado em prática, mantendo-se casto, deve ser capaz de dizer numa reunião de oração: "Sou alguém que luta contra a tendência homossexual, e que, pela graça de Deus e pelo poder do Espírito Santo, tem vivido castamente por Cristo". Espero que tenhamos a coragem e o amor para dar boas-vindas a essa pessoa como um irmão ou uma irmã em Cristo.

Assim, uma vez mais, a questão é: a Bíblia condena a prática homossexual? Lógico, eu já disse que ela condena. A Bíblia é tão voltada para a realidade! Pode ser que você não esperasse que um assunto como a prática homossexual fosse tratado na Bíblia, mas, na verdade, há seis lugares na Bíblia — três no Antigo Testamento e três no Novo Testamento — em que essa questão é tratada — isso sem mencionar todas as passagens que tratam do casamento e da sexualidade e que têm implicações para essa questão. Em todas as seis passagens, as práticas homossexuais são inequivocamente condenadas.

Levítico 18.22 diz que é uma abominação para um homem deitar-se com outro homem como se fosse uma mulher. Em Levítico 20.13, a pena de morte é prescrita em Israel para tal ato, assim como nos casos de adultério, incesto e bestialidade. Ora, algumas vezes os defensores do homossexualismo equiparam essas proibições às proibições contra animais imundos, como os porcos, relatadas no Antigo Testamento. Como os cristãos de hoje não obedecem a todas as leis cerimoniais do Antigo Testamento, assim, dizem eles, não temos de obedecer às proibições referentes às práticas homossexuais. Mas o problema com esse argumento é que o Novo Testamento reafirma a validade das proibições do Antigo Testamento com respeito à prática homossexual, como veremos a seguir. Isso mostra que as proibições não eram apenas parte das leis cerimoniais do Antigo Testamento, as quais foram deixadas de lado, mas eram parte da lei moral perene de Deus. A prática homossexual é, aos olhos de Deus, um pecado sério. Outra passagem em que as práticas homossexuais são mencionadas no Antigo Testamento está em Gênesis 19, um terrível relato sobre a tentativa de estupro dos visitantes de Ló por parte dos homens de Sodoma, da qual a nossa palavra *sodomia* se deriva. Deus destruiu a cidade de Sodoma por causa da impiedade deles.

Como se isso não bastasse, o Novo Testamento também proíbe a prática homossexual. Em 1Coríntios 6.9-10, Paulo escreve: "Não sabeis que os injustos não herdarão o reino de Deus? Não vos enganeis: nem imorais, nem idólatras, nem adúlteros, *nem os que se submetem a práticas homossexuais, nem os que as procuram*, nem ladrões, nem avarentos, nem bêbados, nem caluniadores, nem os que cometem fraudes herdarão o reino de Deus". (Como eu disse, a Bíblia é muito voltada para a realidade!). A segunda vez em que a palavra "homossexuais" aparece listada é em 1Timóteo 1.10, junto a imorais, sequestradores, mentirosos, assassinos. Tais práticas são "contrárias" à sã doutrina do evangelho. O tratamento mais longo dispensado à prática homossexual aparece em Romanos 1.24-28. Ali Paulo fala a respeito de como as pessoas se afastaram do Deus Criador e começaram a adorar deuses falsos que eles próprios fabricaram. Paulo diz:

> É por isso que Deus os entregou à impureza sexual, ao desejo ardente de seus corações, para desonrarem seus corpos entre si; pois substituíram a verdade de Deus pela mentira e adoraram e serviram à criatura em lugar do Criador, que é bendito eternamente. Amém. Por isso, Deus os entregou a paixões desonrosas. Porque até as suas mulheres substituíram as relações sexuais naturais pelo que é contrário à natureza. Os homens, da mesma maneira, abandonando as relações naturais com a mulher, arderam em desejo sensual uns pelos outros, homem com homem, cometendo indecência e recebendo em si mesmos a devida recompensa do seu erro. Assim, por haver rejeitado o conhecimento de Deus, foram entregues pelo próprio Deus a uma mentalidade condenável para fazerem coisas que não convêm.

Os acadêmicos liberais têm feito acrobacias para tentar esquivar-se do sentido claro desses versículos. Alguns têm dito que Paulo está somente condenando a prática pagã de homens que exploram sexualmente garotos. Mas tal interpretação é obviamente errônea, visto que o que Paulo condena, nos versículos 24 e 27, são os atos homossexuais praticados por "homem com homem". No verso 26, ele fala também de lesbianismo. Outros acadêmicos têm dito que Paulo está somente condenando *heterossexuais* que se envolvem em práticas homossexuais, mas não condenando os homossexuais que as praticam. Mas essa interpretação é fantasiosa e anacrônica. Já dissemos que foi somente nos tempos modernos que a ideia de *orientação* homossexual ou heterossexual se desenvolveu. O que Paulo está condenando são as práticas homossexuais, a despeito da orientação. Em função do pano de fundo do Antigo Testamento para essa passagem, assim como do que Paulo diz em 1Coríntios 6.9-10 e 1Timóteo 1.10, fica claro que Paulo está aqui proibindo todos esses atos. Ele vê essa prática como evidência de uma mente corrompida que se afastou de Deus e foi abandonada por ele à degeneração moral.

Assim, a Bíblia é direta e clara quando trata a respeito da prática homossexual. Esta é contrária ao desígnio de Deus e é pecado. Mesmo se não houvesse essas passagens explícitas tratando das práticas homossexuais, estas ainda seriam proibidas sob o mandamento "não adulterarás". O plano de Deus para a atividade sexual humana restringe a prática ao casamento: qualquer atividade sexual fora da segurança do laço do casamento — seja pré-conjugal ou extraconjugal, seja heterossexual ou homossexual — é proibida. O sexo é designado por Deus para o casamento.

Alguém poderia dizer que, se Deus pretendesse que o sexo fosse exclusivo para o casamento, então era só deixar acontecer o casamento entre homossexuais e eles não estariam cometendo adultério! Mas essa sugestão entende de modo completamente errado a intenção de Deus para o casamento. A história da criação em Gênesis nos diz como Deus fez a mulher para ser uma companheira idônea para o homem, o seu perfeito complemento proporcionado por Deus. Então, o texto diz: "Portanto, o homem deixará seu pai e sua mãe e se unirá à sua mulher, e eles serão uma só carne" (Gn 2.24). Esse é o padrão de Deus para o casamento, e no Novo Testamento Paulo cita essa passagem, dizendo: "Esse mistério é grande, mas eu me refiro a Cristo e à igreja" (Ef 5.32). Paulo diz que a união entre o homem e sua esposa é um símbolo vivo da unidade de Cristo com seu povo, a igreja. Quando pensamos nisso, podemos ver que terrível sacrilégio e que zombaria do plano de Deus é a união homossexual. Esta é um ataque frontal à intenção de Deus para a humanidade desde o momento da criação.

O que foi dito, anteriormente, também mostra quão tolas são algumas ideias dos defensores do homossexualismo. Alguns deles dizem: "Jesus nunca condenou a prática homossexual, por que nós deveríamos condená-la?". Jesus não mencionou especificamente muitas coisas que sabemos serem erradas, como a brutalidade e a tortura, mas isso não significa que ele as tenha *aprovado*. O que Jesus realmente faz é citar Gênesis para afirmar o padrão de Deus para o casamento, como a base de seu próprio ensino sobre o divórcio. Em Marcos 10.6-8, ele diz: "Mas desde o princípio da criação, Deus os fez homem e mulher. Por isso o homem deixará seu pai e sua mãe [e se unirá à sua mulher]; e os dois serão uma só carne. Assim, já não são mais dois, porém uma só carne." O fato de dois homens se tornarem uma só carne numa relação homossexual seria uma violação da ordem criada e do plano de Deus. Ele criou homem e mulher, não dois homens ou duas mulheres, para serem indissoluvelmente unidos em casamento.

Recapitulando: a Bíblia, de forma clara e consistente, proíbe a prática homossexual. Assim, se a vontade de Deus está expressa na Bíblia, conclui-se que a prática homossexual é contrária à vontade de Deus.

Mas suponha que alguém negue o ponto (2) — que a vontade de Deus está expressa na Bíblia. E suponha que essa pessoa diga que as proibições contra a prática homossexual eram válidas para aquele tempo e para aquela cultura, mas não são mais válidas hoje. Afinal de contas, a maioria de nós provavelmente concordaria que certos mandamentos na Bíblia são relativos à cultura. Por exemplo, a Bíblia diz que as mulheres cristãs não deveriam usar joias, e os homens não deveriam usar cabelos longos. Porém, ainda que esses mandamentos tenham um núcleo válido que independe de conotação temporal — como, por exemplo, a ordem de vestir-se modestamente —, a maioria de nós diria que esse núcleo essencial pode ser expresso de diferentes formas em diferentes culturas. Do mesmo modo, algumas pessoas dizem que as proibições da Bíblia contra a prática homossexual não são mais válidas para o nosso tempo.

Contudo, creio que essa objeção apresenta um equívoco muito sério. Não há evidência de que os mandamentos de Paulo a respeito das práticas homossexuais sejam culturalmente relativos. Longe de ser um reflexo da cultura em que ele escreveu, os mandamentos de Paulo são completamente contraculturais! A prática homossexual era tão difundida nas antigas sociedades grega e romana como é hoje nos Estados Unidos, e, todavia, Paulo se posicionou contra a cultura e se opôs a ela. Mais importante ainda, temos visto que as proibições da Bíblia contra a prática homossexual não estão enraizadas na cultura, mas no padrão dado por Deus para o casamento estabelecido na criação. Não se pode negar que a proibição bíblica das relações homossexuais expressa a vontade de Deus, a menos que também se negue que o casamento, tal como é concebido pela Bíblia, expressa a vontade de Deus.

Bem, vamos supor que alguém diga: "Creio em Deus, mas não no Deus da Bíblia. Assim, não creio que a Bíblia expresse a vontade de Deus". O que dizer a tal pessoa?

Parece-me que há dois modos de responder a essa questão. Em primeiro lugar, você poderia tentar mostrar que Deus se revelou na Bíblia. Essa é a tarefa da apologética cristã. Você poderia falar a respeito da evidência da ressurreição de Jesus ou das profecias cumpridas. A Escritura realmente nos ordena, como cristãos, a ter tal defesa pronta a fim de que sejamos capazes de compartilhar o porquê de crermos do jeito que cremos com qualquer pessoa que nos pergunte (1Pe 3.15).

Em segundo lugar, você poderia tentar mostrar que a prática homossexual é errada, apelando para verdades morais geralmente aceitas — mesmo por pessoas que não creem na Bíblia. Apesar de essa abordagem ser mais difícil, creio que ela seja crucial uma vez que, como cristãos, devemos impactar nossa cultura contemporânea. Vivemos numa sociedade cada vez mais secularizada, cada vez mais pós-cristã. Não podemos simplesmente apelar para a Bíblia se queremos influenciar os legisladores ou as escolas públicas, ou outras instituições, porque a maioria do povo não mais crê na Bíblia. Precisamos dar razões que tenham um apelo mais amplo.

Por exemplo, creio que muitas pessoas concordariam com o princípio de que é errado envolver-se em uma prática autodestrutiva, porque tal prática destrói o ser humano que é valioso em si mesmo. Assim, penso que muitas pessoas diriam que é errado se tornar um alcoólatra ou um fumante inveterado. Diriam que é bom comer de forma correta e ser saudável. Além disso, acredito que quase todo mundo concordaria com o princípio de que é errado se envolver em práticas que prejudiquem outra pessoa. Por exemplo, restringimos o fumo a certas áreas ou o banimos de outras áreas, de forma que outras pessoas não tenham de inalar a fumaça, tornando-se fumantes passivos. Aprovamos leis contra a prática de beber ao dirigir um veículo, para evitar que pessoas inocentes sejam feridas. Quase todo mundo concorda que você não tem o direito de se envolver numa prática que seja nociva a outro ser humano.

Contudo, não é difícil mostrar que a prática homossexual é uma das práticas mais autodestrutivas e nocivas com a qual alguém pode se envolver. Mas esse fato não é amplamente divulgado. Hollywood e a mídia estão inflexivelmente inclinados a dar uma cara de felicidade às relações homossexuais, quando na realidade o homossexualismo é um estilo de vida autodestrutivo, ilegítimo e perigoso, exatamente como o alcoolismo e o tabagismo, que são viciantes e autodestrutivos. As estatísticas consistentes que vou compartilhar com vocês são fartamente documentadas pelo Dr. Thomas Schmidt em seu notável livro *Straight and Narrow?* [Hetero e medíocre?].[4]

Para começar, há uma promiscuidade quase compulsiva associada à prática homossexual. Por exemplo, 75% dos homens homossexuais têm mais de 100 parceiros durante sua vida. Mais da metade desses parceiros são estranhos. Somente 8% de homens homossexuais e 7% das mulheres homossexuais têm tido relacionamentos que duram mais de três anos. Ninguém sabe a razão para essa promiscuidade estranha e obsessiva. Pode ser que os homossexuais estejam tentando satisfazer

---

[4] Thomas E. Schmidt, *Straight and Narrow?* Downer's Grove, Ill.: InterVarsity Press, 1995, cap. 6.

uma profunda necessidade psicológica por meio de relações sexuais, e não estejam conseguindo. A média dos homens homossexuais tem mais de 20 parceiros num ano. De acordo com o Dr. Schmidt:

> ...estatisticamente falando, é quase inexpressivo o número de homens homossexuais que experimentam algo parecido com fidelidade para a vida toda.
> A promiscuidade entre os homens homossexuais não é um mero estereótipo, e não é meramente a experiência mais importante — é virtualmente a *única* experiência... a fidelidade para a vida toda é quase inexistente na experiência homossexual.[5]

Associado a essa promiscuidade compulsiva, difunde-se, entre os homossexuais, o uso de drogas como um meio de intensificar suas experiências sexuais. Em geral, os homossexuais representam um número três vezes maior do que a população que tem problemas com alcoolismo. Estudos mostram que 47% dos homossexuais masculinos têm em seu histórico de vida o uso excessivo de álcool, e 51%, uso excessivo de drogas. Há uma correlação direta entre o número de parceiros e a quantidade de drogas consumidas.

Além disso, de acordo com Schmidt, "há uma evidência avassaladora de que certos distúrbios mentais ocorrem com frequência muito mais elevada entre homossexuais."[6] Por exemplo, 40% dos homens homossexuais apresentam um histórico de depressão profunda. Esse número ainda se torna mais impressionante quando comparado com o dado de que apenas 3% dos homens em geral enfrentam o problema de depressão profunda. De modo semelhante, 37% das mulheres homossexuais apresentam um histórico de depressão. Tal fato, por sua vez, resulta no aumento das taxas de suicídio. Os homossexuais são 3 vezes mais inclinados a praticar o suicídio do que a população em geral. De fato, homens homossexuais têm tentado o suicídio seis

---

[5] Ibid., p. 108.
[6] Ibid., p. 113.

vezes mais do que homens heterossexuais, e mulheres homossexuais tentam o suicídio duas vezes mais do que mulheres heterossexuais. A depressão e o suicídio não são os únicos problemas. Estudos mostram que homens homossexuais têm mais tendência a ser pedófilos do que homens heterossexuais. Quaisquer que sejam as causas dessas desordens, permanece o fato de que qualquer um que tem ponderado sobre o estilo de vida homossexual não deve ter ilusões a respeito do problema em que está se metendo.

Outro dado não revelado diz respeito ao quanto a prática homossexual é fisicamente perigosa. Não vou descrever as espécies de atividades sexuais praticadas pelos homossexuais, mas apenas me permita dizer que os corpos, tanto masculino quanto o feminino, foram anatomicamente feitos para a relação sexual, o que não acontece com os corpos de dois homens. Em decorrência disso, a atividade homossexual — 80% da qual é praticada por homens — é muito destrutiva, resultando futuramente em problemas tais como dano à próstata, úlceras e fissuras, incontinência crônica e diarreia.

Além desses problemas físicos, as doenças sexualmente transmissíveis são preponderantes entre a população homossexual. Por exemplo, 75% dos homens homossexuais são portadores de uma ou mais doenças sexualmente transmissíveis, e isso *sem mencionar a* AIDS. Elas incluem todas as espécies de infecções não virais como: gonorreia, sífilis, infecções bacterianas e parasitas. Também são bem comuns entre os homossexuais as infecções virais como a herpes e a hepatite B (que afligem 65% dos homens homossexuais), que são incuráveis, e como a hepatite A e as verrugas anais, que afligem 40% dos homens homossexuais. E isso sem mencionar a AIDS! Talvez a estatística mais estarrecedora e mais amedrontadora seja a da expectativa de vida: deixando de lado aqueles que morrem de AIDS, a expectativa de vida de um homem homossexual é de aproximadamente 45 anos, o que já é assustador, levando-se em consideração o fato de que a expectativa de vida de homens em geral é de 70 anos. Agora, se você incluir aqueles que morrem de AIDS, cuja estatística é de 30% dos homens homossexuais, a expectativa de vida cai para *39 anos*.

Assim, creio que uma boa argumentação pode ser feita com base nos princípios morais geralmente aceitos de que a prática homossexual é errada. Ela é terrivelmente autodestrutiva e prejudicial. Assim, deixando de lado a proibição da Bíblia, há razões concretas e palpáveis para se considerar a atividade homossexual como errada.

Ora, tais informações têm implicações muito importantes para a política pública em relação à prática homossexual, visto que as leis e políticas públicas estão baseadas em tais princípios morais geralmente aceitos. Essa é a razão pela qual, por exemplo, nós temos leis regulando a venda de álcool de vários modos, leis proibindo o jogo ou regras restringindo o fumo. Essas restrições sobre a liberdade individual são impostas para o bem comum. Do mesmo modo, em alguns estados americanos, como o estado da Geórgia, temos leis proibindo a sodomia. Embora tal lei seja indubitavelmente não compulsória, ela pode ser considerada justificável à luz dos riscos à saúde impostos por tal conduta.

Por outro lado, leis compulsórias que regulamentem a homossexualidade poderiam ser propostas, e os cristãos terão de pensar seriamente a respeito delas em termos individuais. Por exemplo, um cristão pode não ver uma boa razão pela qual não se deva garantir igualdade de oportunidade na compra ou aluguel de uma casa por pessoas homossexuais. Contudo, é perfeitamente possível imaginar que um cristão se oponha a uma proposta de lei que garanta igualdade de oportunidades de emprego a homossexuais. Isso porque alguns empregos podem não ser adequados a homossexuais. Por exemplo, como você lidaria com a possibilidade de uma lésbica praticante ser a professora de educação física de sua filha na escola? Como você reagiria se o técnico de seu filho, que frequenta o mesmo lugar onde seu filho troca de roupa com outros meninos, fosse um homossexual? Particularmente, eu não apoiaria uma lei que pudesse levar as escolas públicas a contratar essas pessoas.

Além do mais, deveriam as aulas sobre saúde nas escolas públicas ensinar que o homossexualismo é um estilo de vida legítimo? Deveriam os alunos receber leituras como *Heather Has Two Mommies?* [Heather tem duas mamães?]. Deveriam as uniões homossexuais obter o mesmo reconhecimento legal dos casamentos heterossexuais? Deveria ser permitida a adoção de crianças por homossexuais? Em todos esses casos, alguém poderia argumentar a favor de certas restrições à liberdade dos homossexuais com base no bem comum e na saúde pública. Isso não é uma questão de impor valores pessoais de uns sobre outros, visto que se baseia nos mesmos princípios morais geralmente aceitos que são usados, por exemplo, para proibir o consumo de drogas ou aprovar leis sobre o uso de armas de fogo. Liberdade não significa licença para se envolver em ações que prejudiquem outras pessoas.

Em síntese, vimos, em primeiro lugar, que o certo e o errado têm existência real, uma vez que se baseiam em Deus. Assim, se queremos descobrir o que é certo ou errado, devemos olhar o que Deus diz sobre o assunto. Em segundo lugar, vimos que a Bíblia, de forma clara e consistente, proíbe as práticas homossexuais, exatamente como proíbe todos os atos sexuais fora do casamento. Em terceiro lugar, vimos que a proibição que a Bíblia faz de tal prática não pode ser descartada apenas levando em conta o tempo e a cultura em que ela foi escrita, pois está baseada no plano de Deus para o casamento entre homem e mulher. Além do mais, mesmo deixando a Bíblia de lado, há princípios morais geralmente aceitos que indicam que a prática homossexual é errada.

Ora, que aplicação prática cada um de nós pode fazer sobre tudo isso que refletimos?

Primeiro, se você é um homossexual ou tem essa tendência, mantenha-se casto. Você deve se abster de toda prática sexual. Sei que isso é difícil, mas na verdade o que Deus tem lhe pedido para fazer é exatamente a mesma coisa que ele exige de *todas* as pessoas solteiras. Isso significa manter não somente a pureza do corpo, mas em especial da mente. Exatamente como os homens heterossexuais devem evitar a pornografia e a fantasia sexual, você também precisa manter limpo seu pensamento. Resista à tentação de racionalizar o pecado, dizendo: "Deus me fez assim". Deus deixou muito claro que não quer que você faça as suas vontades, mas quer que você o honre, mantendo sua mente e seu corpo puros. Procure aconselhamento cristão profissional. Com tempo e esforço, pode ser que você venha a sentir prazer em relações heterossexuais normais. Há esperança!

Segundo, para os que são heterossexuais, é preciso lembrar mais uma vez que a tendência homossexual, em si, não é pecado. A maioria dos homossexuais não escolheu tal orientação e gostaria de mudá-la, se pudesse. Precisamos aceitar e acolher irmãos e irmãs que têm lutado contra essa tendência. Precisamos estender o amor e o perdão de Deus às pessoas que enfrentam esse problema. Palavras vulgares ou piadas a respeito de homossexuais nunca deveriam passar pelos lábios de um cristão. Se você sente prazer quando alguma aflição sobrevém a uma pessoa homossexual ou se sente ódio em seu coração em relação aos homossexuais, então você precisa refletir muito sobre as palavras de Jesus registradas em Mateus: "no dia do juízo, haverá menos rigor para a terra de Sodoma e Gomorra do que para aquela cidade" (ver Mt 10.15; 11.24).

8
CRISTO, O ÚNICO CAMINHO

E não há salvação em nenhum outro, pois debaixo do céu não há outro nome entre os homens pelo qual devamos ser salvos" (At 4.12). Assim, os mais antigos apóstolos de Cristo criam, e assim eles pregavam. O nome que eles pregavam era o de Jesus Cristo de Nazaré, e foi através dele e nele somente é que a salvação devia ser encontrada. Na verdade, essa convicção, além de permear o Novo Testamento, ajudou a impelir a missão aos gentios. Paulo convidou seus convertidos gentios a recordar seus dias pré-cristãos: "estáveis naquele tempo sem Cristo, separados da comunidade de Israel, estranhos às alianças da promessa, sem esperança e sem Deus no mundo" (Ef 2.12).

O tema principal dos capítulos de abertura de Romanos é mostrar que essa situação desoladora é a condição geral da raça humana. Embora o poder eterno e a deidade de Deus sejam evidentes através da criação (Rm 1.20) e embora Deus ofereça vida eterna a todos que o buscam fazendo o bem (2.7), o fato trágico da questão é que, em geral, as pessoas suprimem a verdade em injustiça, ignorando o Criador (1.18-21) e zombando da lei moral (1.32). Portanto, "pois já demonstramos que tanto judeus como gregos estão todos debaixo do pecado; como está escrito: Não há justo, nem um sequer. Não há quem entenda; não há quem busque a Deus" (3.9b-11). O pecado é o grande nivelador, que coloca todos na mesma condição: necessitados do perdão e da salvação de Deus. Devido à universalidade do pecado, todas as pessoas permanecem moralmente culpadas e condenadas perante Deus, totalmente incapazes de se redimirem através de atos de justiça (3.19-20). Mas Deus, em sua graça, providenciou um meio de salvação desse estado de condenação: Jesus Cristo, por sua morte expiatória, redime-nos do pecado e nos justifica perante Deus (3.21-26). É através dele, e através dele somente, que o perdão de Deus está disponível (5.12-21). Rejeitar Jesus Cristo é, portanto, rejeitar a graça e o perdão de Deus, rejeitar o único meio de salvação que Deus proporcionou. É permanecer sob sua condenação e ira, negligenciar a salvação eterna. Afinal, algum dia Deus julgará todas as pessoas, "punindo os que não conhecem a Deus e os que não obedecem ao evangelho de nosso Senhor Jesus. Estes sofrerão como castigo a perdição eterna, longe da presença do Senhor e da glória do seu poder" (2Ts 1.8-9).

Não foi apenas Paulo que sustentou essa visão da salvação exclusivista e cristocêntrica. Do mesmo modo, o apóstolo João não viu salvação fora de Cristo. No Evangelho de João, Jesus declara: "Eu sou o caminho, a verdade e a vida; ninguém chega ao Pai, a não ser por mim" (Jo 14.6). João explica que as pessoas amam mais as trevas do pecado do que a luz, mas que Deus enviou seu Filho ao mundo para salvar o mundo e dar vida eterna a todo aquele que crê no Filho. "Quem nele crê não é condenado; mas quem não crê, já está condenado, pois não crê no nome do Filho unigênito de Deus" (Jo 3.18). As pessoas já estão espiritualmente mortas; mas aqueles que creem em Cristo passam da morte para a vida (Jo 5.24). Em suas epístolas, João assevera que ninguém que nega o Filho tem o Pai, e ele identifica tal pessoa como o anticristo (1Jo 2.22-23; 4.3; 2Jo 7). Em resumo, "Quem tem o Filho tem a vida; quem não tem o Filho de Deus não tem a vida" (1Jo 5.12). No Apocalipse de João, é o Cordeiro somente no céu e na terra e debaixo da terra que é digno de abrir o livro e seus sete selos, porque foi ele que, por seu sangue, resgatou pessoas para Deus de toda tribo, língua, povo e nação de sobre a terra (Ap 5.1-14). Na consumação, todos aqueles cujos nomes não forem encontrados escritos no livro do Cordeiro serão lançados no fogo eterno, reservado para o diabo e seus anjos (Ap 20.15).

Do mesmo modo, alguém também poderia argumentar a partir de outras epístolas no Novo Testamento. É a convicção dos escritos do Novo Testamento que "Porque há um só Deus e um só Mediador entre Deus e os homens, Cristo Jesus, homem. Ele se entregou em resgate por todos" (1Tm 2.5-6a).

Na verdade, essa parece ter sido a atitude do próprio Jesus. Jesus entrou em cena com um senso ímpar de autoridade divina, a autoridade para permanecer e falar no lugar do próprio Deus e de chamar pessoas ao arrependimento e fé. Além do mais, o objeto dessa fé foi ele próprio, a revelação absoluta de Deus: "Todas as coisas me foram entregues por meu Pai; e ninguém conhece o Filho, senão o Pai; e ninguém conhece o Pai, senão o Filho e aquele a quem o Filho o quiser revelar" (Mt 11.27). No Dia do Juízo, o destino de uma pessoa será determinado por como ela respondeu a Jesus: "E eu vos digo que todo aquele que me confessar diante dos homens, também o Filho do homem o confessará diante dos anjos de Deus" (Lc 12.8). Frequentes advertências a respeito do inferno são encontradas nos lábios de Jesus. É bem possível que ele cria que a maioria da raça humana seria condenada, enquanto que somente uma minoria da raça humana seria salva: "Entrai pela porta estreita; porque larga é a porta e espaçoso o caminho que conduz à perdição, e são muitos os que entram por ela; pois a porta é estreita, e o caminho que conduz à vida, apertado, e são poucos os que a encontram" (Mt 7.13-14). Um ensino duro, sem dúvida; mas a lógica do Novo Testamento é simples e constrangedora: a universalidade do pecado e a singularidade do sacrifício de Cristo exigem que não haja salvação à parte de Cristo.

Embora essa particularidade fosse um escândalo no mundo politeísta do primeiro século, com o triunfo do cristianismo por todo o Império Romano, o escândalo regrediu. Na verdade, uma das marcas clássicas da igreja era a sua catolicidade, e, para homens como Agostinho e Tomás de Aquino, a universalidade da igreja era um dos sinais de que as Escrituras eram a revelação divina, uma vez que tão grande estrutura não poderia ter sido gerada e fundada por uma falsidade. Naturalmente, os judeus permaneceram na Europa cristã, e mais tarde os exércitos do islamismo tinham de ser combatidos, mas essas exceções dificilmente foram suficientes para subverter a catolicidade da igreja ou para promover o pluralismo religioso.

Contudo, com a chamada "Expansão da Europa" durante os três séculos de exploração e descoberta dos anos 1450 a 1750, a situação mudou radicalmente. Agora era percebido que, longe de ser uma religião universal, o cristianismo ficou confinado a um pequeno canto do globo. Essa percepção teve um impacto duplo sobre o pensamento religioso das pessoas. Primeiro, adotou-se a relativização das crenças religiosas. Visto que cada sistema religioso era limitado em termos históricos e geográficos, parecia incrível que qualquer um deles devesse ser considerado como universalmente verdadeiro. Parecia que a única religião que poderia fazer uma alegação de ser universal sobre a raça humana seria uma espécie de religião geral da natureza. Segundo, transformou-se a alegação de exclusividade do cristianismo em algo injustamente estrito e cruel. Se a salvação vinha somente através da fé em Cristo, então a maioria da raça humana estava condenada à maldição eterna, visto que nem mesmo tinham ouvido falar a respeito de Cristo. Novamente, somente uma religião natural e disponível a todos os homens parecia consistente com um Deus justo e amoroso.

Em nosso tempo, o influxo para as nações ocidentais de imigrantes vindos das colônias, com os avanços nas telecomunicações que têm servido para reduzir o mundo ao que Marshall McLuhan chamou de "aldeia global", tem intensificado essas duas impressões. O impacto sobre as missões cristãs tem sido enorme. As principais denominações, num grau elevado, têm perdido o seu senso de chamado missionário ou têm sido forçadas a reinterpretar missões em termos de envolvimento social com povos do Terceiro Mundo, uma espécie de Forças de Paz Cristãs, se você assim quiser chamar. Ao mesmo tempo, aqueles que continuam a aderir à visão tradicional e ortodoxa são denunciados por intolerância religiosa. Talvez essa mudança seja melhor ilustrada pela atitude do Concílio Vaticano II com respeito às missões mundiais. Em sua Constituição Dogmática sobre a Igreja, o Concílio declarou que aqueles que ainda não receberam o evangelho estão relacionados de vários modos ao povo de Deus. Os judeus, em particular, permanecem amados por Deus, mas o plano de salvação também inclui todos os que reconhecem o Criador, tal como os muçulmanos. As pessoas que não conhecem o evangelho, sem que isso seja culpa delas próprias, mas que se esforçam para fazer a vontade de Deus pela consciência, também podem ser salvas. O Concílio, portanto, afirmou em sua Declaração sobre as Religiões Não Cristãs que os católicos agora oram *pelos* judeus, não pela *conversão* dos judeus, e ele também declarou que a igreja olha com estima para os muçulmanos. A obra missionária parece estar dirigida somente àqueles que "adoram a criatura ao invés do Criador" (ver Rm 1.25) ou estão totalmente sem esperança. Cuidadosamente escondidos em linguagem ambígua e com frequência aparente e internamente inconsistentes, os documentos do Vaticano II poderiam facilmente ser tomados como uma reinterpretação radical da natureza da igreja e das missões cristãs. De acordo com esses documentos, um grande número de não cristãos realmente fazem parte do povo de Deus e, portanto, não precisam ser evangelizados.

Em anos recentes, certos teólogos evangélicos têm começado a comprometer também essa questão. Por exemplo, num discurso ao Grupo de Teologia Evangélica no encontro da Academia Americana de Religião, reunido em São Francisco em novembro de 1992, Clark Pinnock declarou: "Estou apelando aos evangélicos para fazer a mudança para uma perspectiva mais inclusiva, muita coisa do modo como os católicos fizeram no Vaticano II". Pinnock expressa otimismo de que grandes números de não evangelizados serão salvos. Ele diz, "Deus encontrará fé nas pessoas mesmo que a pessoa não perceba que a possuía". Ele chega a afirmar a possibilidade de pessoas receberem outra oportunidade após a morte, de serem libertas dos efeitos do pecado:

> Imagine: Pessoas são levantadas de entre os mortos pelo poder da ressurreição de Jesus, e são livres de qualquer coisa que tenha obscurecido o amor

de Deus e evitado que elas o recebessem em vida... Deus realmente ama e quer que todos que não tiveram oportunidade respondam à sua oferta para ter uma oportunidade. Não se exclui nenhum pecador que tiver sido excluído por Deus na salvação, embora não tenha tido oportunidade de responder à graça.

Pinnock percebe que sua opinião levanta a seguinte questão: Ora, isso de alguma forma não determina tanto a base lógica como a urgência da missão mundial? A resposta de Pinnock é não. Veja as razões que apresenta para a sua resposta negativa:

1. Deus nos tem chamado para nos envolvermos na obra missionária e nós deveríamos obedecer. No entanto, observe que isso não fornece nenhuma base racional para a razão pela qual Deus deveria ter emitido essa ordem aparentemente sem sentido. Ela apenas equivale a uma obediência cega a uma ordem carente de qualquer base racional.
2. A ideia de missões é mais ampla do que apenas assegurar o destino eterno das pessoas. Em outras palavras, estamos de volta à ideia do Corpo de Paz Cristão.
3. A ideia de missões deveria ser positiva; ela não é um ultimato, "Creia ou vai ser condenado!" Bem, naturalmente que não; mas é difícil ver, com tal entendimento, por que a tarefa de missões mundiais deveria reter qualquer sentido de urgência. Por que eu deveria arrastar minha esposa e filhos para gastarem quinze dos melhores anos de nossas vidas lutando como missionários em Quirguistão, quando as pessoas lá já são salvas?

Acho terrivelmente irônico que sejam os próprios teólogos — exatamente quando a igreja está prestes a completar a tarefa da evangelização do mundo — aqueles que podem fazê-la tropeçar na linha de chegada!

A resposta mais radical à nossa consciência elevada acerca da diversidade religiosa da raça humana é o pluralismo religioso. O pluralista acha inconcebível que qualquer religião específica deva ser verdadeira, e todas as outras falsas. Assim, ele advoga uma abordagem pluralista. O pluralismo religioso se apresenta em duas formas: o que podemos chamar pluralismo religioso não sofisticado e o pluralismo religioso sofisticado.

O pluralismo religioso não sofisticado responde ao fenômeno da diversidade religiosa dizendo: "Elas são todas verdadeiras! Todas as grandes religiões do mundo estão basicamente dizendo a mesma coisa".

Ora, essa visão, que frequentemente ouvimos exposta por pessoas leigas e por estudantes do segundo ano da faculdade, está enraizada na ignorância do que as grandes religiões do mundo ensinam. Qualquer um que estudou religiões comparadas sabe que as cosmovisões propostas por essas religiões são, com frequência, diametralmente opostas uma às outras. Apenas verifique o islamismo e o budismo, por exemplo. A cosmovisão delas não tem quase nada em comum. O islamismo crê que há um Deus pessoal que é onipotente, onisciente, e santo, e que criou o mundo. Ele crê que as pessoas são pecaminosas e necessitadas do perdão de Deus, que o céu eterno ou o inferno nos espera após a morte, e que nós devemos ganhar a nossa salvação pela fé e por atos religiosos. O budismo nega todas essas coisas. Para o budista clássico, a realidade última é impessoal, o mundo é incriado, não há eu duradouro, o alvo supremo da vida não é a imortalidade pessoal, mas a aniquilação, e as ideias de pecado e salvação não exercem nenhum papel. Exemplos como esse poderiam ser multiplicados.

Claramente, todas as religiões não podem ser verdadeiras, justamente por elas apresentarem visões contraditórias a respeito da natureza da realidade última, do mundo, do homem, dos valores morais, e assim por diante. Elas poderiam ser todas *falsas*, mas elas não poderiam ser todas verdadeiras. O pluralismo religioso não sofisticado é, portanto, insustentável.

Assim, o que o pluralista religioso sofisticado diz é que todas as religiões do mundo são, na verdade, falsas. Nenhuma delas é verdadeira! Elas são todas modos culturalmente relativos de interpretar erroneamente a realidade. A realidade suprema, que você não pode chamar acuradamente de "Deus", deveria ser descrita com nomes como "o real" ou "o absoluto". Nada pode ser conhecido a respeito dela, mas todas as religiões do mundo a descrevem de modos diferentes. Embora literalmente falsas, todas as grandes religiões do mundo são efetivas em transformar a vida das pessoas.

O pluralismo religioso sofisticado levanta uma gama de questões, mas eu quero focar em apenas uma: Por que pensar que o pluralismo religioso é verdadeiro? Em outras palavras, por que uma só religião particular pode ser verdadeira? O que está errado com o particularismo religioso? Especificamente, o que está errado com o particularismo cristão?

Bem, algumas das objeções ao particularismo cristão, feitas pelos pluralistas religiosos, são apenas óbvias falácias lógicas. Por exemplo, com frequência, os pluralistas dizem que é arrogante e imoral alegar que qualquer religião particular é verdadeira. Mas isso parece ser um claro exemplo de uma falácia lógica que os filósofos chamam *argumentum ad hominem* — que significa tentar invalidar uma posição por atacar o caráter da pessoa que a sustenta. Por exemplo, imaginemos que algum médico pesquisador finalmente descubra uma vacina contra a AIDS, e suponhamos que ele seja o único a ter feito essa descoberta. Mas agora suponha que ele seja também um absoluto simplório. Ele sai orgulhando-se de sua descoberta e dizendo a todo mundo que ele descobriu a única vacina que impede a AIDS. Orgulha-se a ponto de achar que ele merece o Prêmio Nobel por sua realização. Observa seus colegas de cima como pessoas mentalmente muito pequenas, carentes de seu brilhantismo e ambição para descobrir a vacina. É totalmente arrogante e presunçoso. Ora, a sua arrogância traz alguma coisa capaz de minar a verdade de que ele realmente descobriu a única vacina contra a AIDS? Obviamente, não! Ninguém em sã consciência consideraria a vacina como ineficaz e se recusaria a tomá-la simplesmente porque a pessoa que a introduziu no mundo era arrogante. A verdade da alegação é independente do caráter da pessoa que fez a alegação. Exatamente do mesmo modo, é irrelevante para a verdade de uma cosmovisão religiosa específica se seus seguidores são arrogantes ou não.

De qualquer forma, por que pensar que os particularistas religiosos devem ser arrogantes? Suponha que eu tenha feito o meu melhor para verificar qual religião é verdadeira (se é que há uma!). Tenho lido vários escritos, frequentado reuniões e falado com adeptos de todas as religiões e ouvido atentamente o que eles tinham a dizer. Além do mais, tenho orado a respeito de minhas buscas espirituais e de orientação em meu caminho. Suponha que, como resultado de minha busca honesta, eu esteja convencido de que somente o cristianismo é verdadeiro. O que mais posso eu fazer senão crer nele? Penso que ele é a verdade! O que mais devo fazer? Se creio em Cristo porque estou convencido de que suas alegações são verdadeiras, como posso ser denunciado como arrogante?

Na verdade, essa objeção mostrou-se como uma espada de dois gumes. Afinal, se é arrogante e imoral sustentar uma crença religiosa rejeitada pela maioria de outras pessoas, implicando que as suas crenças religiosas são falsas, então conclui-se que o próprio pluralismo religioso é arrogante e imoral. Porque ele pensa que as crenças religiosas de *todas as pessoas* são falsas, somente o pluralista religioso tem visto a verdade. Somente os pluralistas religiosos, que são uma pequena minoria da raça humana, estão certos, e todo o restante está errado. Quão arrogante alguém pode ser!

Outro argumento ruim contra o particularismo religioso é que as crenças religiosas das pessoas são culturalmente relativas: por exemplo, se você tivesse nascido no Paquistão, você provavelmente seria um muçulmano; mas se você tivesse nascido na Irlanda, mais provavelmente seria, ao menos nominalmente, um católico. Portanto, nenhuma dessas crenças religiosas específicas pode ser verdadeira.

Esse argumento é um exemplo comum de falácia lógica, que os filósofos chamam de falácia genética. Esse argumento tenta invalidar uma visão ao mostrar como uma pessoa veio a sustentá-la. Tal atitude é obviamente falaz. Por exemplo, como um ocidental do século vinte e um, você crê que a terra é relativamente esférica e gira em torno do sol. Mas se você tivesse nascido na antiga Grécia, você teria provavelmente crido que o sol gira em torno da terra, e talvez até que a terra fosse plana. Assim, isso significa que a sua crença de que a terra gira em torno do sol ou de que a terra é redonda é, portanto, falsa, ou injustificada? Obviamente, não!

Esse argumento também se mostrou como uma espada de dois gumes. Afinal, se o pluralista religioso tivesse nascido no Paquistão ou na Espanha, então ele provavelmente teria sido um particularista religioso! Assim, por seu próprio argumento, o seu pluralismo religioso é falso. Sua crença é apenas o resultado acidental de seu lugar de nascimento no final do século vinte, politicamente correta, uma sociedade Ocidental!

Ora, por favor, não pense que, apenas porque tais argumentos falazes são frequentemente apresentados em favor do pluralismo religioso, o pluralismo não apresenta um desafio sério à crença cristã. Ao contrário, eu creio que ele apresenta. No entanto, se afastarmos a dificuldade desses argumentos falazes, isso poderá nos ajudar a chegar ao problema real incomodando sorrateiramente. Esse problema diz respeito ao destino dos incrédulos fora da tradição religiosa particular de uma pessoa. Esse problema é especialmente doloroso para cristãos que creem que a salvação do pecado e a vida eterna devem ser encontradas somente através da morte expiatória de Cristo na cruz. Devido à universalidade do pecado e à singularidade da morte substitutiva em nosso lugar, segue-se que a salvação é encontrada somente através de Cristo. Contudo, os pluralistas religiosos acham isso inescrupuloso.

Em nenhum lugar, isso é mais bem ilustrado do que na vida de meu próprio orientador de doutorado, John Hick. Hick começou sua carreira como um teólogo cristão relativamente conservador. Seu primeiro livro foi intitulado *Christianity at the Centre* [Cristianismo no centro].[1] Mas, quando Hick começou a estudar as outras religiões mundiais e a se tornar familiarizado com muitos de seus fiéis adeptos, ele achou simplesmente inconcebível que essas pessoas boas estivessem trilhando o caminho para o inferno. Entretanto, ele percebeu o que

---

[1] John Hick. *Christianity at the Centre*. Londres, SCM, 1968.

isso significava. De alguma maneira, ele teve de tirar Jesus Cristo do centro. Enquanto a encarnação e a morte expiatória fossem preservadas, Cristo não poderia ser marginalizado com sucesso. Hick, portanto, veio a produzir um livro intitulado *The Myth of God Incarnate* [O mito do Deus encarnado], em que ele argumenta que essas doutrinas centrais do cristianismo não são verdadeiras, mas meros mitos. Ele escreveu:

> Entendida literalmente, a linguagem do Filho de Deus, Deus o Filho, Deus-encarnado implica que Deus pode ser adequadamente conhecido e respondido somente através de Jesus; e a totalidade da vida religiosa da raça humana, além da corrente da fé judaico-cristã é, assim, por conclusão, excluída como repousando fora da esfera da salvação. Essa implicação fez pouco prejuízo real enquanto a cristandade era basicamente uma civilização autônoma com somente relativa interação marginal com o restante da raça humana. Mas, com o choque entre os mundos cristão e muçulmano, e com a sempre crescente vanguarda da colonização europeia por todo o planeta, o entendimento literal da linguagem mitológica do discipulado cristão teve um efeito divisor sobre as relações entre essa minoria de seres humanos que vivem dentro dos limites da tradição cristã e da maioria que vive fora dela e dentro de outras correntes de vida religiosa.
>
> Transposto em termos teológicos, o problema que veio à tona no encontro do cristianismo com as outras religiões mundiais é este: Se Jesus era literalmente o Deus encarnado, e se é por sua morte somente que os homens podem ser salvos, e pela resposta deles a ele somente que eles podem se apropriar dessa salvação, então a única porta de entrada para a vida eterna é a fé cristã. O resultado disso é que a grande maioria da raça humana até agora não teria sido salva. No entanto, é crível que um Deus amoroso e Pai de todos os homens tenha decretado que somente aqueles nascidos dentro de um filamento da história humana devam ser salvos?[2]

---

[2] John Hick. "Jesus and the World Religions", em John Hick, Ed. *The Myth of God Incarnate*. Londres, SCM, 1977, p. 179-180.

Esse é o real problema levantado pela diversidade religiosa da raça humana: o destino daqueles que permanecem fora de uma tradição religiosa específica.

Contudo, qual é exatamente o problema entendido aqui? O que está errado em dizer que a salvação deve ser encontrada somente através de Cristo?

O problema simplesmente se reduz à ideia de que um Deus amoroso não enviaria pessoas ao inferno? Esse é o problema? Bem, não creio que seja isso. A Bíblia diz que Deus deseja que todos os homens sejam salvos e que cheguem ao conhecimento da verdade (1Tm 2.4; 2Pe 3.9). Portanto, através da obra do Espírito Santo, Deus atrai todos os homens a si mesmo, procurando convencê-los do pecado e trazê-los ao arrependimento. Qualquer pessoa que faz uma decisão livre e bem informada de rejeitar Cristo, assim, sela o seu próprio destino; ela é autocondenada. Sua condenação não pode tornar Deus culpado: ao contrário, ela resistiu a todo o esforço de Deus de salvá-la. Ela se separa de Deus para sempre, em desafio à vontade de Deus de que ela seja salva. Em certo sentido, então, Deus não envia ninguém para o inferno — as pessoas enviam a si mesmas.

O problema pressuposto é que um Deus amoroso não enviaria pessoas ao inferno se elas tivessem desinformadas ou mal-informadas a respeito de Cristo? É esse o real problema? Bem, novamente, esse não parece ser o cerne do problema. Deus é justo e, de acordo com Romanos 1 e 2, Deus não julga pessoas que não ouviram a respeito de Cristo pelo mesmo padrão daqueles que ouviram. É evidente que seria injusto condenar pessoas por não crerem em Cristo quando elas nunca ouviram de Cristo. Ao contrário, Deus as julga com base na informação que elas têm, à medida que Deus a tem revelado a toda a raça humana na natureza e na consciência. Os teólogos chamam isso de revelação geral, e é pela resposta delas à sua luz que as pessoas sem o evangelho serão julgadas. De acordo com Paulo, toda a raça humana pode conhecer através da natureza que o Deus criador existe, e elas podem conhecer através de sua própria consciência a lei moral de Deus e o fracasso delas em viver de acordo com ela. Simplesmente com base na natureza e na consciência, então, todas as pessoas em toda parte deveriam reconhecer a culpa delas perante Deus e se arrepender, procurar sua misericórdia e perdão.

Infelizmente, o triste testemunho das Escrituras é de que as pessoas nem mesmo vivem de acordo com esse padrão. Elas ignoram o Criador e adoram deuses de sua própria feitura. Além disso, zombam da lei moral, imergindo-se na imoralidade. Portanto, mesmo quando julgadas por padrões muito inferiores aos dos revelados no evangelho, a multidão da raça humana permanece condenada diante de Deus. Ora, é concebível que uns poucos possam reconhecer Deus e sua lei moral, voltando-se para ele em arrependimento e fé. Por consequência, que Deus possa aplicar a elas os benefícios do sangue de Cristo e que elas possam ser salvas sem um conhecimento consciente de Cristo. Elas seriam iguais a certas figuras do Antigo Testamento, como Jó e Melquisedeque. Estes não tinham nenhum conhecimento consciente de Cristo — e, na verdade, não eram nem mesmo israelitas ou membros do antigo pacto —, mas, não obstante, desfrutaram de um relacionamento salvador com Deus em virtude da morte expiatória de Cristo. Assim, mesmo onde a mensagem de Cristo ainda é desconhecida, a salvação é universalmente acessível a qualquer um em qualquer tempo através de uma fé-resposta à revelação geral de Deus na natureza e na consciência. Mas, se levarmos as Escrituras a sério, então é evidente que poucas pessoas realmente acessariam a salvação desse modo. A maioria das pessoas livremente vira suas costas para a revelação geral de Deus na natureza e na consciência.

Para mim, sobretudo, o problema real proposto pelo particularismo religioso parece ser este: se Deus conhece tudo, como a Bíblia declara que ele conhece, então, mesmo antes da sua criação do mundo, Deus deve ter sabido quem receberia Cristo e seria salvo e quem não o receberia. Mas, se esse é o caso, então certas questões difíceis surgem:

1. Por que Deus não trouxe o evangelho para pessoas que rejeitam a luz da revelação geral que elas possuem, mas que teriam crido se elas somente tivessem ouvido o evangelho?

2. Ainda mais fundamentalmente, por que Deus criou o mundo, se ele sabia que tantas pessoas não receberiam a Cristo e, portanto, estariam perdidas?

3. Mesmo ainda mais radicalmente, por que Deus não criou um mundo em que ele sabia que cada pessoa livremente receberia Cristo e seria salva?

Essas são questões difíceis! Como é que o cristão deve respondê-las? O cristianismo torna Deus cruel e sem amor?

A fim de responder a essas perguntas, precisamos investigar mais profundamente a lógica do problema diante de nós. Basicamente, o que o pluralista diz é que é impossível Deus ser todo-poderoso e todo-bondoso e, todavia, algumas pessoas nunca ouvirem o evangelho e, portanto, se perderem. Ele diz que, se Deus realmente tem esses atributos, então todas as pessoas que existem deveriam ser salvas.

Mas por que esse é o caso? Afinal de contas, não há nenhuma contradição explícita entre as afirmações "Deus é todo-poderoso e todo-amoroso" e "algumas pessoas nunca ouvem o evangelho e, portanto, estão perdidas". Se o pluralista diz que essas afirmações são *implicitamente* contraditórias, então ele deve presumir algumas premissas escondidas que produziriam a contradição e a tornariam explícitas. Tentemos afugentar essas suposições. Parece-me que elas são duas:

(i) Se Deus é todo-poderoso, ele pode criar um mundo em que cada pessoa ouve o evangelho e é livremente salva.

(ii) Se Deus é todo-amoroso, ele prefere um mundo em que cada pessoa ouve o evangelho e é livremente salva.

Devido à verdade necessária de (i) e (ii), diz o pluralista, conclui-se que, diante do fato de Deus ser todo-poderoso e todo amoroso, cada pessoa deve ouvir o evangelho e ser livremente salva, o que é incompatível com o particularismo cristão.

Ora, para que o raciocínio do pluralista seja sadio, ambas as premissas escondidas deveriam ser necessariamente verdadeiras. Mas elas são? Vejamos.

Observemos a primeira suposição — se Deus *é todo-poderoso, ele pode criar um mundo em que toda pessoa ouve o evangelho e é livremente salva*. Creio que podemos concordar que Deus poderia criar um mundo em que toda pessoa ouvisse o evangelho. Mas, uma vez que as criaturas são genuinamente livres, não fica claro de modo algum que ele possa produzir um mundo em que cada pessoa creria livremente no evangelho e seria salva. Ser todo-poderoso não significa ser capaz de produzir impossibilidades lógicas, de fazer um triângulo redondo ou um casado solteiro. Na verdade, tais combinações contraditórias de palavras realmente não descrevem coisa alguma. É logicamente impossível *fazer* com que alguém faça *livremente* alguma coisa. Afinal, ser feito para fazer uma ação por outra pessoa é algo logicamente inconsistente com o ato de fazer a ação livremente. Fazer uma ação livremente significa apenas que você a faz sem que alguém faça você fazê-la. Portanto, uma vez que as pessoas são livres, não há nenhuma garantia de que, num mundo em que todo mundo ouve o evangelho, todo mundo será livremente salvo. Na verdade, quando se pensa a respeito disso, não há nenhum garantia de que, em tal mundo, o equilíbrio entre os salvos e os perdidos seria qualquer coisa melhor do que o equilíbrio num mundo real! É possível que, em qualquer mundo de criaturas livres que Deus possa criar, algumas pessoas livremente o rejeitem e se percam.

Assim, parece que a primeira suposição apenas não é necessariamente verdadeira. Criar um mundo em que cada pessoa ouça o evangelho e seja livremente salva pode ser algo que não esteja na esfera do poder de Deus. O argumento do pluralista é, portanto, inválido.

No entanto, o que dizer da segunda suposição — *se Deus é todo-amoroso, ele prefere um mundo em que cada pessoa que ouve o evangelho é salva* — no contexto de um mundo em que algumas pessoas são perdidas? Essa suposição é necessariamente verdadeira? Com base na suposição de que o primeiro argumento seria verdadeiro, admitamos que: há mundos possíveis, criados por Deus, em que cada pessoa ouve o evangelho e livremente o aceita. O fato de Deus ser todo-amoroso o impele a preferir um desses mundos ao mundo real? Não necessariamente. Afinal, esses mundos poderiam ter deficiências ignoradas que os tornariam menos preferíveis. Por exemplo, apenas suponhamos que os mundos em que todas as pessoas ouvem e livremente creem no evangelho sejam mundos habitados somente por um punhado de pessoas, digamos, três ou quatro. Se Deus criasse mais pessoas, ao menos uma delas não creria e estaria perdida. Ora, eu lhe pergunto: o ser do Deus todo-amoroso o impeliria a preferir radicalmente um desses mundos com baixa população a um mundo em que multidões livremente recebem Cristo e são salvas, embora algumas outras pessoas livremente o rejeitem? Isso certamente não é óbvio para mim! Por que a alegria e a bem-aventurança dos que livremente haveriam de receber Cristo deveriam ser impedidas por algumas outras pessoas que livremente rejeitam o amor e o perdão de Deus? Visto que Deus oferece graça suficiente para a salvação de todas as pessoas, não vejo por que ele seria, em qualquer grau, menos amoroso por preferir um mundo mais populoso — ainda que isso signifique que algumas pessoas venham a rejeitá-lo livremente e a rejeitar todo esforço de Deus de salvá-las, sendo, portanto, pessoas perdidas.

Assim, nenhuma das suposições cruciais feitas pelos nossos opositores é necessariamente verdadeira. O fato de Deus ser todo-poderoso não garante que ele possa criar um mundo em que todo mundo livremente receba Cristo, nem o ser todo-amoroso de Deus o compele a preferir um mundo em que cada pessoa é salva a preferir um mundo em que algumas são perdidas. Se qualquer uma dessas suposições não é necessariamente verdadeira, então o argumento total do pluralista é inválido. Visto que ambas as suposições fracassam, o caso do pluralista é duplamente inválido.

Entretanto, podemos até ir mais um passo adiante. Podemos realmente provar que é totalmente coerente crer que Deus é todo-poderoso e todo-amoroso e que algumas pessoas nunca ouvem o evangelho e são, portanto, pessoas perdidas.

Para começar, visto que ele é bom e amoroso, Deus quer o máximo possível de pessoas que sejam salvas e o mínimo possível de pessoas que sejam perdidas. Seu alvo, então, é não criar mais perdidos do que o necessário para alcançar certo número de salvos. Em outras palavras, Deus quer que o céu esteja tão cheio quanto possível e que o inferno esteja tão vazio quanto possível, e ele precisa encontrar um equilíbrio ideal nessa circunstância.

Mas é possível que o mundo real tenha tal equilíbrio! É possível que, a fim de criar uma grande quantidade de pessoas que seriam salvas, Deus também tivesse de criar uma grande quantidade de perdidos. É possível que, se Deus tivesse criado um mundo em que um número menor de pessoas fosse para o inferno, então menos pessoas proporcionalmente teriam de ir para o céu. É possível que, a fim de alcançar uma multidão de crentes, Deus tivesse de aceitar uma multidão de pecadores.

Contudo, alguém poderia levantar uma objeção afirmando que um Deus todo-bondoso não criaria perdidos como um subproduto de pessoas salvas. No entanto, essa objeção desvirtua a minha proposta. É verdade que a existência de perdidos é algo indesejado que acontece paralelamente num mundo em que habitam pessoas que livremente recebem a graça de Deus e são salvas. Mas isso não sugere que o plano de salvação feito por Deus não inclua aqueles que livremente o rejeitam e são perdidos. Lembre-se: Deus ama cada pessoa que cria e dá graça suficiente para salvação a cada uma delas. Na verdade, alguns dos perdidos podem realmente receber maior graça do que alguns dos salvos. Os perdidos não são criados como meros meios para algum fim, digamos, a salvação dos eleitos. Pelo contrário, como pessoas criadas à imagem de Deus, os perdidos são fins em si mesmos e são amados e valorizados por Deus, que deseja a salvação deles e se empenha para que isso se realize. Contudo, pela própria livre vontade delas, algumas pessoas rejeitam as iniciativas amorosas de Deus e se perdem. Permanece a vontade de Deus e o seu desejo de que toda a raça humana — incluindo aqueles que definitivamente se separam de Deus para sempre — seja salva e chegue ao conhecimento da verdade.

No entanto, alguém também poderia levantar outra objeção dizendo que Deus não criaria pessoas que ele sabia que seriam perdidas, mas que teriam sido salvas se elas somente tivessem ouvido o evangelho.

Mas como sabermos que existem tais pessoas? É razoável supor que muitas pessoas que nunca ouviram o evangelho não teriam crido ainda que o tivessem ouvido. Afinal de contas, nem todo mundo crê no evangelho e é salvo quando os missionários finalmente trazem as boas-novas a alguns grupos nunca dantes alcançados. Assim, é razoável pensar que, ao menos, algumas pessoas que nunca ouviram o evangelho e se perderam não teriam crido ainda que o tivessem ouvido. Suponhamos, então, que Deus tenha providencialmente ordenado, no mundo, que *todas* as pessoas que nunca ouviram o evangelho sejam exatamente tais pessoas. Nesse caso, qualquer um que nunca ouve o evangelho e se perde teria rejeitado o evangelho e sido perdido ainda que o tivesse ouvido. Ninguém poderia permanecer diante de Deus no Dia do Juízo e reclamar: "É certo, Deus, que eu não respondi à tua revelação na natureza e na consciência, mas, se apenas eu tivesse ouvido o evangelho, eu teria crido nele!" Deus diria: "Não, eu sabia que, mesmo que você tivesse ouvido o evangelho, você não teria crido nele. Portanto, o meu julgamento com base na natureza e na consciência não é injusto nem desamoroso".

Assim, é possível que Deus tenha criado um mundo que possui um equilíbrio ideal entre salvos e perdidos e que aqueles que nunca ouviram o evangelho — e são, portanto, perdidos — não teriam crido em Cristo mesmo que tivessem ouvido dele. Visto que esse cenário é pelo menos *possível*, isso prova que não há nenhuma incompatibilidade entre um Deus todo-poderoso e todo-amoroso e o fato de algumas pessoas não ouvirem o evangelho e serem perdidas.

Ora, deixe-me iniciar uma confusão possível nesse ponto. Alguém poderia dizer: "Bem, por que, então, se envolver na obra missionária, se todas as pessoas que não são alcançadas não haveriam de receber Cristo ainda que elas ouvissem dele?" Tal pergunta se esquece de que nós estamos falando somente a respeito de pessoas que *nunca* ouviram o evangelho. Em sua providência, Deus pode fazer arranjos no mundo colocando em seu caminho — do mesmo modo que o evangelho tem se espalhado desde o primeiro século na Palestina — pessoas que creriam no evangelho se o ouvissem. Em seu amor e misericórdia, Deus assegura que ninguém que haveria de crer no evangelho se o ouvisse permaneceria definitivamente não alcançado. Uma vez que o evangelho alcança um grupo de pessoas, Deus providencialmente coloca ali pessoas que ele sabia que haveriam de responder a ele se o ouvissem. Ele assegura que aqueles que *nunca* o ouviram são somente pessoas que não aceitariam ainda que o tivessem ouvido.

Assim, agora estamos prontos para proporcionar respostas possíveis a três perguntas difíceis que instigaram a nossa discussão. Verifiquemos cada uma na ordem reversa:

1. Por que Deus não criou um mundo em que ele sabia que todas as pessoas livremente receberiam Cristo e seriam salvas? Resposta: Pode não estar na esfera do poder de Deus criar tal mundo. Se tal mundo fosse factível, Deus o teria criado. Mas, devido à sua vontade de criar pessoas livres, Deus teve de aceitar o fato de que alguns o rejeitariam e seriam perdidos.

2. Por que Deus criou o mundo se ele sabia que tantas pessoas não receberiam Cristo e, portanto, seriam perdidas? Resposta: Deus queria partilhar seu amor e comunhão com pessoas criadas. Isso constitui um bem incomensurável para os seres humanos. Deus sabia que isso implicaria um ato livre de rejeição, que, por consequência, levaria à perdição. Mas a bem-aventurança e a alegria daqueles que o aceitassem não deveriam ser impedidas por aqueles que livremente o rejeitassem. Aqueles que voluntariamente rejeitassem a Deus e desprezassem a salvação não deveriam ter uma espécie de "poder de veto" sobre os mundos que Deus é livre para criar. Entretanto, Deus em seu amor e carinho tem providencialmente ordenado o mundo para alcançar um equilíbrio ideal entre salvos e perdidos, maximizando o número daqueles que o aceitam e minimizando o número daqueles que não o aceitam.

3. Por que Deus não trouxe o evangelho a pessoas que rejeitam a luz da revelação natural que possuem, mas que teriam crido se apenas tivessem a oportunidade de ouvir o evangelho? Resposta: Não há tais pessoas. Deus, em sua providência, organizou o mundo de modo que aqueles que haveriam de responder ao evangelho, se o tivessem ouvido, seriam nascidos num tempo e lugar na história onde eles o pudessem ouvir. Aqueles que não respondem à revelação de Deus na natureza e na consciência e nunca ouviram o evangelho não teriam respondido a ele, ainda que o tivessem ouvido. Por consequência, ninguém é perdido por causa de falta de informação ou devido a acidente histórico ou geográfico. Qualquer um que quiser — ou mesmo que desejar — ser salvo, será salvo.

Essas são apenas respostas possíveis a perguntas difíceis que fazemos a nós próprios. São elas respostas verdadeiras? Somente Deus sabe! O ponto importante a ser captado aqui — uma vez que o cenário que construímos seja até possível — é a prova de que não há nenhuma incompatibilidade entre o ser de Deus todo-poderoso e todo-amoroso e o fato de algumas pessoas, não tendo ouvido o evangelho, serem, portanto, perdidas.

Mas, antes de concluirmos, quero acrescentar que um dos atrativos do cenário proposto por mim é que ele também se propõe ser totalmente bíblico. Em seu discurso, a céu aberto, aos filósofos atenienses reunidos no Areópago, Paulo declarou:

> O Deus que fez o mundo e tudo o que nele há, Senhor do céu e da terra... Pois é ele mesmo quem dá a todos a vida, a respiração e todas as coisas. De um só fez toda a raça humana para que habitasse sobre toda a superfície da terra, determinando-lhes os tempos previamente estabelecidos e os territórios da sua habitação, para que buscassem a Deus e, mesmo tateando, pudessem encontrá-lo. Ele, de fato, não está longe de cada um de nós; pois nele vivemos, nos movemos e existimos (At 17.24-28a).

A descrição de Paulo da organização providencial que Deus fez dos povos do mundo com uma visão voltada ao alcance deles está notavelmente em sintonia com a conclusão a que cheguei apenas por meio da reflexão filosófica.

Ora, o pluralista poderia admitir a compatibilidade lógica entre Deus ser todo-poderoso e todo-amoroso e o fato de algumas pessoas nunca ouvirem o evangelho e, assim, serem perdidas. Contudo, devo insistir que o cenário que vislumbrei, não obstante, é muito improvável, porque as pessoas de modo geral parecem crer na religião da cultura em que elas foram criadas. Mas, nesse caso, o pluralista poderia argumentar que é altamente provável que, se muitos daqueles que nunca ouviram o evangelho, tivessem sido criados numa cultura cristã, eles teriam crido no evangelho e teriam sido salvos. Assim, a hipótese que ofereci é altamente implausível.

Na verdade, seria fantasticamente improvável que, somente pela casualidade, se chegasse ao fato de que todos aqueles que nunca ouviram o evangelho e, estão, portanto, perdidos, são pessoas que não teriam crido no evangelho ainda que o tivessem ouvido. Mas essa não é a hipótese! A hipótese é que um Deus providente organizou o mundo. Devido ao Deus todo-conhecedor, que sabe como cada pessoa livremente aceitaria responder à sua graça em quaisquer circunstâncias a que se submetesse, não é de todo implausível que Deus tenha organizado o mundo do modo descrito. Tal mundo não pareceria exteriormente qualquer coisa diferente de um mundo em que as circunstâncias do nascimento de uma pessoa são uma questão de casualidade. Podemos concordar que as pessoas geralmente adotam a religião de sua cultura e que, se muitos daqueles nascidos em culturas não cristãs tivessem nascido numa sociedade cristã, elas teriam sido culturalmente cristãs. Mas isso não significa dizer que eles teriam sido salvos. O pluralista poderia insistir que tal mundo como vislumbro pareceria significativamente diferente do mundo real. Ele poderia alegar que pessoas que tivessem sido meramente cristãos culturais (se tivessem nascido numa sociedade cristã) pareceriam diferentes de alguma forma das pessoas que tivessem se tornado cristãs através da regeneração. Todavia, essa alegação é claramente incorreta. É um simples fato empírico a inexistência de traços psicológicos e sociológicos distintos entre pessoas que se tornam cristãs e pessoas que são incrédulas. Apenas examinando uma pessoa em determinadas circunstâncias, não há como predizer acertadamente se ela haveria de crer em Cristo para a salvação. Visto que um mundo providencialmente organizado por Deus parece exteriormente idêntico a um mundo em que o nascimento de uma pessoa seja uma questão de acidente histórico e geográfico, é difícil ver como a hipótese que tenho defendido possa ser considerada improvável.

Algumas pessoas podem ter problemas com o fato de que tal cenário pareça, de forma incômoda, como algo eurocêntrico e racista, sugerindo que os ocidentais brancos são os bons crentes enquanto que todas as pessoas do Terceiro Mundo são infiéis endurecidos. Entretanto, à parte de seus problemas filosóficos[3], tal apreensão denuncia uma ignorância da demografia contemporânea. Recorde-se da estatística apresentada no capítulo 5 sobre o crescimento do cristianismo evangélico no decorrer dos séculos. Hoje o cristianismo evangélico tem crescido em índices três vezes mais rápidos do que a população do mundo. No Terceiro Mundo, o cristianismo evangélico tem experimentado um aumento explosivo. Você percebeu que, em 1987, o número de evangélicos na Ásia superou o número de evangélicos na América do Norte? Você percebeu que apenas quatro anos mais tarde, em 1991, o número de evangélicos na Ásia superou o número de evangélicos *na totalidade do mundo ocidental*? O cristianismo não é uma religião do homem ocidental branco. Hoje, dois terços dos evangélicos vivem no Terceiro Mundo. Além disso, você percebe que a maioria das pessoas que viveram na face deste planeta está viva *agora*,

---

[3] O opositor tem uma antropologia falha: ele pensa que uma pessoa é idêntica ao seu corpo. Mas devido à antropologia bíblica do dualismo alma-corpo, o corpo específico de alguém é um aspecto acidental do ser. A mesma alma poderia ter sido evidenciada num corpo caucasoide, negroide, ou mongoloide. Assim, a raça ou a etnicidade de alguém não é um aspecto essencial de sua identidade (que é uma razão pela qual o racismo é tão absurdo, sendo todos nós essencialmente similares). Assim, se Deus sabia que uma pessoa não teria recebido a Cristo se fosse um inca do século XII, mas teria recebido a Cristo se ela fosse uma nigeriana do século XX, Deus teria razão suficiente para criar essa pessoa como nigeriana em vez de ser do povo inca. Hoje Deus pode estar colocando providencialmente aqueles que vão crer no Terceiro Mundo em vez de pô-los na Europa.

neste presente momento? Quando você reflete sobre o fato de que o que os filósofos chamam de "o mundo real" inclui não somente todos do passado e do presente, mas todos do futuro também, então o problema dos não evangelizados pode ser visto em sua verdadeira perspectiva. À medida que o tempo passa, a porcentagem da raça humana que nunca ouviu o evangelho vai se reduzir a uma fração pequena. Ao mesmo tempo, aqueles que abraçam o evangelho, se Deus quiser, crescerão até que abranja uma grande multidão "de toda tribo, língua, povo e nação" (Ap 5.9), do qual os caucásios são apenas uma minoria.

Em suma, parece que a presença de outras religiões mundiais não enfraquece o evangelho cristão da salvação somente através de Cristo. Ao contrário, o que temos dito ajuda a propor uma perspectiva correta acerca das missões cristãs: é nosso dever proclamar o evangelho ao mundo todo, confiando que Deus tem providencialmente organizado todas as coisas e que, através de nós, as Boas-Novas alcançarão pessoas que Deus sabia que aceitariam o evangelho se o ouvissem. Literalmente, há designações divinas que estão esperando por você. A nossa compaixão para com aqueles das outras religiões mundiais está expressa — sem ignorar o fato de que eles estão perdidos e morrendo sem Cristo. Contudo, nós mesmos devemos dar todo suporte e fazer todo esforço para comunicar a eles a mensagem do evangelho de Cristo que dá vida.

ÍNDICE ONOMÁSTICO

Anselmo, 29, 41

Barrows, Cliff, 48
Bloom, Allan, 9-11

Copleston, Frederick C., 44
Craig, Jan, 49, 53, 55-56, 69-70, 73, 77

Demerchant, Blanchard, 29
Dostoiévski, Fiódor, 82, 101, 117

Gothard, Bill, 48

Hatch, Nathan, 21-22
Hick, John, 168-169
Hirsch, E. D., 9, 11
Howard-Snyder, Daniel, 110
Hume, David, 89

Johnstone, Patrick, 102-103
Jordan, Barbara, 129

Kushner, Harold, 86

Lewis, C. S. 91
Lincoln, Abraham, 138
Lloyd-Jones, Martin, 101-102
Lutero, Martinho, 12, 31, 40
Lutzer, Erwin, 66-67, 74, 76

Machen, J. Gresham, 16-17, 20, 23-24
Malik, Charles, 14-15, 17-18, 20, 21, 23
Mannix, Daniel P., 81
McLuhan, Marshall, 162
Moreland, J. P., 26-27
Morgentaler, Henry, 125, 127

Nathanson, Bernard, 133
Newton, Isaac, 25, 43
Nixon, Richard, 76-77
Packer, J. I., 73-75
Pannenberg, Wolfhart, 69-70, 77-78

Pinnock, Clark, 163-164
Plantinga, Alvin, 19, 40-42, 94, 100, 118

Russell, Bertrand, 19

Schmidt, Thomas, 121, 153-154
Shepherd, Matthew, 141
Sócrates, 43
Streisand, Barbara, 145

Tada, Joni Eareckson, 116
Taylor, Richard, 143-144
Tolstoi, Leon, 11, 107
Tomás de Aquino, 13, 25, 31, 44, 161

Watson, James D., 133
Wells, David, 26, 28
Wesley, John, 13, 24-26

ÍNDICE TEMÁTICO

Aborto,
    como questão de gênero,
        135, 136
    por nascimento parcial,
        131
Advogado do Diabo, 37
Agostinho, 13, 15, 31,
    125, 161
Alcoolismo, 153-154
Ana, oração de, 54
Assassinato, proibição bíblica do,
    134

Canção de Natal, Uma, 138
Casamento, 30, 148,
    150-152, 157
Certo e errado, 142-145
China, 102
Colômbia, 85, 113-114
Controle populacional, 137
Controvérsia fundamentalista,
    16

Cruzada das Crianças (1212),
    82
Cruzada Estudantil e
    Profissional para Cristo,
    49, 65
Cruzadas, 81
Cura física, 49

Declaração de Independência,
    125
Deus,
    como cirurgião cósmico,
        91
    como como gênio da
        lâmpada de Aladim, 50
    como Pai amoroso, 84,
        118, 162, 169
    conhecimento de, 60, 73,
        101, 107, 109, 111-
        113, 115, 119, 149
Direitos Humanos, Declaração
Universal dos, 125

Discurso ao clero, 24-26

El Salvador, 102
"Erro de Sinaleira de York", 75, 111
Erudição, 21-23
Escola Dominical, Programas de, 30
"Espinho na carne", 49, 59
Espírito Santo,
    ministério do... na oração, 63
    testemunho do, 38-41, 62, 97, 111
Etiópia, 103, 112
Evangélicos Preocupados, 141-142
Evangelização inclusivista, 163
Exército de Gideão, 19

Falta de fé, 53
Fé,
    duvidosa, 35-38
    falta [de fé] na oração, 53
    infantil, 28
    pensamento a respeito de, 35-38
    relacionamento com a razão, 38-43
Feto,
    como parte do corpo da mãe, 129-130
    como pessoa, 131-134
Filosofia americana, 18-19

Filósofos cristãos, 18-19, 94, 110
Fracassos, tipos de, 65-66

Guerra Mundial, Segunda, 82, 143
Grupo de Teologia Evangélica, 163

Hare Krishna, movimento, 16
Holocausto, 98, 143
Homossexual, orientação, como ideia moderna, 146, 150
Homossexualidade,
    como prática autodestrutiva, 153-156
    e política pública, 156-157

Igreja Católica, 31, 141, 161-163
Irmãos Karamázov, Os, 83, 84, 117

Jeremias, 135
Jó, 111-112, 116, 171
João, o apóstolo, 38-39, 58, 61

Mabel, 119-121
Melquisedeque, 171
Metafísica, 25
México, Cidade do, 84, 95, 113-114
Missões, 162-164, 181
Mulheres, questões das, 135-136
Oração respondida, obstáculos à,

57-58
Pastoral,
 treinamento, 22
Particularismo cristão, 166-168
Paternidade Planejada, 130
Paulo, o apóstolo, 28, 35, 37-
 38, 43, 45, 49, 59-60,
 63, 75, 104-108, 149-
 150, 152, 159-160,
 170, 178
 orações de, 59-60
 sofrimento de, 104-108
Pecado,
 não confessado, 61, 64
 universalidade do, 160-
 161, 168
Perseguição, 68, 102-103, 145
Perseverança, falta de... na
 oração, 54-55
Persistência, 46, 54
Pluralismo religioso, 162, 164-
 166, 168
Problema do mal, distinções do,
 86, 88
Provações, 68

Qualificação, 51

Razão,
 como serva, 40
 uso magisterial da, 40-41
 uso ministerial da, 40-41
Relativismo cultural, 152, 165,
 167
Ressurreição, 29, 56, 38, 55,
 96, 152
 historicidade da, 56, 96
 evidência da, 55-56, 152
Revelação geral, 170-171

"Sacola de Perguntas", 45
Ser humano,
 definição de, 125-126
 estágios de desenvolvi-
 mento do, 127-128
Sliding Doors [De caso com o
 acaso], 99
Sodoma, 148, 158
Sucesso, 27, 73-75, 79

Teologia alemã, 77-78
Teologia sistemática, 77-78
Tolerância, 11

Universidade, papel da, 14-15,
 18-19

Valores objetivos, 115-116
Vaticano, Segundo Concílio,
 162-163
Vida eterna, 104-107, 109,
 159, 168-169
Vida, o propósito principal da,
 101-102

Wheaton College, 14, 33, 36,
 47, 65, 96

ÍNDICE DE TEXTOS BÍBLICOS

Gênesis
2.24, *150*
32.26b, *64*

Juízes
1.19, *71*

Jó
13.15a, *112*

Salmos
1.1-3, *71*
66.18, *52*
139.13-16, *134-135*

Jeremias
1.4-5, *135*

Mateus
7.7, *52*
7.13-14, *161*
11.24, *158*

11.27, *161*
19.9, *51*
19.30, *74*

Marcos
9.24, *53*
10.6-8, *151*
10.11, *51*
11.24, *53*

Lucas
12.8, *161*
18.1, *55*
18.5b, *55*
22.42, *59*

João
3.18, *160*
14.6, *160*
14.13a, *47, 57*
15.16b, *47*
16.23b, *47*

20.31, *39*
21.24, *39*

Atos
4.12, *159*
17.24-28a, *178*

Romanos
1.24-28, *149*
3.9b-11, *159*
8.15-16, *38*
8.26-27, *63*
8.28, *85*

1Coríntios
6.9-10, *149*
8.1b-3, *43*
14.20, *28*

2Coríntios
2.10,11, *37*
4.16-18, *106*
6.4-5, *106*
12.9a, *59*
12.9b-10, *59*

Gálatas
6.17, *105*

Efésios
2.12, *159*
5.32, *150*

6.12, *35*
Colossenses
2.2, *38*
2.8, *37, 45*

1Tessalonicenses
1.5, *38*

2Tessalonicenses
1.8-9, *160*

1Timóteo
2.5-6a, *16*10,8

Tiago
1.6-8, *53*
4.3, *52*

1Pedro
5.8, *37*

1João
2.20,27, *39*
3.21-22, *61*
5.7-10a, *39*
5.12, *160*
5.14, *61*

Apocalipse
5.9, *181*
21.4, *107*

CONHEÇA OUTROS LIVROS DO AUTOR

APOLOGÉTICA CONTEMPORÂNEA
A veracidade da fé cristã

Com uma linguagem admiravelmente clara, o professor Craig apresenta questões filosóficas e históricas importantes e relevantes para o cristianismo. Com erudição extraordinária, ele esboça os argumentos dos principais pensadores tanto de séculos passados quanto de tempos recentes, e apresenta suas próprias razões para concluir que as doutrinas cristãs tradicionais sobre Deus e Jesus são críveis. Suas respostas aos céticos sobre a existência de Deus, o conhecimento histórico e a ocorrência de milagres, e em particular a ressurreição de Jesus, levam o debate sobre esses assuntos complicados a uma profundidade impressionante. Temos neste livro uma defesa admirável da fé cristã fundamental.

EM GUARDA
Defenda a fé cristã com razão e precisão

Você fica preocupado quando alguém lhe faz uma pergunta sobre sua fé e você não sabe como responder?

Já tentou estudar apologética, mas se viu perdido no meio dos jargões teológicos e filosóficos?

O que fazer quando você mesmo enfrenta dúvidas relacionadas à sua fé?

Em guarda, leitor! Você tem em suas mãos as respostas para essas e outras tantas perguntas que deixam qualquer pessoa insegura na hora de defender sua fé. Trata-se de um manual de treinamento conciso, escrito por William Lane Craig, um dos mais renomados defensores da fé cristã na atualidade. O livro é repleto de ilustrações, notas explicativas e esquemas para ajudar na memorização dos melhores argumentos para a defesa de sua fé com razão e precisão.

JESUS DOS EVANGELHOS: MITO OU REALIDADE?, O
Um debate entre William Lane Craig e John Dominic Crossan

O Jesus que andou pelas ruas de Nazaré é o mesmo Jesus a quem os Evangelhos atribuem milagres e divindade? Os cristãos podem legitimamente afirmar que se trata realmente da mesma pessoa? Em suma, quem é o "verdadeiro Jesus"?

Este livro é a primeira tentativa de diálogo entre conservadores e liberais em torno do Jesus histórico, tomando por base um debate recente entre John Dominic Crossan, ex-codiretor do Jesus Seminar [Seminário Jesus], e o evangélico conservador William Lane Craig. Na busca por se manter imparcial em sua apresentação do debate habilmente moderado por William F. Buckley Jr., a obra apresenta ainda a reflexão de quatro especialistas no assunto: Robert Miller e Marcus Borg, que representam o Seminário Jesus, e Craig Blomberg e Ben Witherington III, que oferecem as respostas conservadoras.

Site do autor: www.reasonablefaith.org
Artigos disponíveis em português

Esta obra foi composta por
Kelly Christine Maynarte,
usando as fontes Acaslon Regular e Myriad Roman,
capa em cartão 250 g/m²,
miolo em Avena 80 g/m²,
impressa pela Imprensa da Fé
em novembro de 2020.